**Estudos Aplicados
de Direito Empresarial**

Estudos Aplicados de Direito Empresarial

TRIBUTÁRIO

2017

Coordenação:
Regis Fernando de Ribeiro Braga

ESTUDOS APLICADOS DE DIREITO EMPRESARIAL TRIBUTÁRIO
© Almedina, 2017

COORDENAÇÃO: Regis Fernando de Ribeiro Braga
DIAGRAMAÇÃO: Almedina
DESIGN DE CAPA: FBA
ISBN: 978-858-49-3255-9

Dados Internacionais de Catalogação na Publicação (CIP)
(Câmara Brasileira do Livro, SP, Brasil)

Estudos aplicados de direito empresarial : tributário / coordenação Regis Fernando de Ribeiro Braga. -- São Paulo : Almedina, 2017.

Vários autores.
Bibliografia.
ISBN 978-85-8493-255-9

1. Direito empresarial - Brasil 2. Direito tributário - Brasil 3. Empresas - Tributação 4. Tributos - Leis e legislação I. Braga, Regis Fernando de Ribeiro.

17-10393   CDU-34:338.93:336.2(81)

Índices para catálogo sistemático:
1. Brasil : Direito empresarial e tributário 34:338.93:336.2(81)

Este livro segue as regras do novo Acordo Ortográfico da Língua Portuguesa (1990).

Todos os direitos reservados. Nenhuma parte deste livro, protegido por copyright, pode ser reproduzida, armazenada ou transmitida de alguma forma ou por algum meio, seja eletrônico ou mecânico, inclusive fotocópia, gravação ou qualquer sistema de armazenagem de informações, sem a permissão expressa e por escrito da editora.

Novembro, 2017

EDITORA: Almedina Brasil
Rua José Maria Lisboa, 860, Conj.131 e 132, CEP: 01423-001 São Paulo | Brasil
editora@almedina.com.br
www.almedina.com.br

APRESENTAÇÃO

Com muita satisfação, fui novamente incumbido da agradável tarefa de apresentar os 4 (quatro) artigos de alunos do Curso *LLM* em Direito Tributário do Insper – Instituto de Pesquisa e Ensino, e de outro de minha autoria. Como professor do Curso e Conselheiro do Insper Direito, é motivo de grande satisfação serem estes valiosos artigos o resultado da conclusão do Curso por parte de seus autores.

Vamos, pois, a eles.

Filipe Torres da Silva Amaral, autor do estudo intitulado **Grupos Empresariais e a Gestão de Caixa Único – Incidência do Imposto sobre Operações Financeiras – IOF/CRÉDITO**, analisa uma estrutura utilizada em grande escala pelos grupos empresariais brasileiros. Uma vez que a carga tributária pesa cada vez mais sobre os resultados da atividade empresarial, é indiscutível a importância de um planejamento e de uma eficiente gestão tributária e financeira. Consequentemente, a centralização do caixa de grupos empresariais em uma única sociedade componente do grupo – denominada gestão de caixa único – sob o manto de uma relação contratual de administração de conta corrente, ganha cada vez mais relevância.

Diante dessa prática, é necessário verificar a incidência do Imposto Sobre Operações Financeiras – IOF –, mais especificamente na sua modalidade de créditos, sob o viés dos negócios jurídicos caracterizados como mútuos, para verificar se o fato gerador deste imposto ocorrer nos contratos de gestão de conta corrente e quais requisitos poderão atrair ou afastar tal configuração. Isto porque a partir da vigência da Lei nº 9.779/1999, criou-se a possibilidade de incidência do IOF nas operações de mútuo realizadas entre pessoas jurídicas não financeiras.

Mesmo diante da diferença havida entre negócios jurídicos distintos – contratos de conta corrente e contratos de mútuo –, as autoridades fiscais federais, não tem um entendimento consolidado sobre a incidência ou não do imposto, o que vem gerando um grande número de autuações, que terminam por ser objeto de questionamentos no Conselho Administrativo de Recursos Fiscais – CARF e no Poder Judiciário.

Isabela Garcia Funaro discorre em seu artigo sobre **Os Benefícios Fiscais Incidentes na Remessa de Mercadorias para a Zona Franca de Manaus: Efeitos da Ação Direta de Inconstitucionalidade nº 310**. Depois de mais de duas décadas anos do ajuizamento da referida Ação Direta de Inconstitucionalidade questionando o Convênio ICMS nº 06, de 1990, que revogou o direito à manutenção dos créditos do ICMS em relação às saídas isentas à Zona Franca de Manaus (ZFM), o Supremo Tribunal Federal (STF) proferiu decisão reconhecendo a inconstitucionalidade da referida norma.

Com base em tal decisão, a autora discute a repercussão dos efeitos desta, principalmente ao considerar que houve alteração nas regras constitucionais relativas à competência para instituição do ICMS.

Assim, a partir da edição da Emenda Constitucional nº 42, de 2003, conserva-se o direito à manutenção de créditos em relação às saídas de mercadorias com destino à Zona Franca de Manaus, não só em relação aos insumos utilizados por estabelecimentos industriais, como também em relação às mercadorias adquiridas para revenda por estabelecimentos atacadistas.

APRESENTAÇÃO

Isso porque, com a entrada em vigor do novo Código de Processo Civil, as teses jurídicas consolidadas no julgamento de Ações Diretas de Inconstitucionalidade passaram a ser de observância obrigatória, sendo, inclusive, cabível o ajuizamento de Reclamação, nos termos do artigo 988 daquele Código.

Por essa razão, as autoridades administrativas estão obrigadas a reconhecer a equiparação das saídas à ZFM às operações de exportação, bem como o direito ao benefício da manutenção do crédito do ICMS cobrado em relação às operações anteriores, garantido pela Emenda Constitucional nº 42/ 2003.

Marcus Furlan é o autor do estudo sobre **A (Des)Necessária Sincronia na Concessão de Subvenções para Investimento – Questionamentos à Instrução Normativa n. 1.700/17,** que trata das subvenções concedidas às empresas pelo Poder Público e sua tributação.

Entende o autor que em se tratando de subvenções para custeio, os valores concedidos pelo Poder Público devem ser regularmente oferecidos à tributação pela beneficiária. Por outro lado, caso representem subvenções para investimento, há autorização legal para que os montantes não sejam tributados pelas empresas, desde que observados os requisitos previstos na Lei n. 12.973, de 2014.

Contudo, a partir da analise de Soluções de Consulta exaradas pela Receita Federal do Brasil (RFB), verifica-se que o entendimento desta no sentido de exigir outros requisitos além daqueles previstos na Lei n. 12.973/2014 para não se tributar as subvenções para investimento. Neste sentido é a Solução de Consulta COSIT n. 336, de 2014, por meio da qual a RFB firmou posicionamento no sentido de que subvenções, para serem consideradas como sendo para investimento, devem observar – além dos requisitos previstos na Lei n. 12.973/2014 – perfeita sincronia entre sua concessão e a efetiva aplicação pela empresa.

Destarte, o estudo tem como objetivo a análise quanto à legalidade do posicionamento da RFB e da conseguinte necessidade efetiva de vinculação entre a concessão da subvenção e a aplicação dos valores pela pessoa jurídica como condição essencial para classificação do benefício como uma subvenção para investimento.

Já Vinicius Vicentin Caccavali trata de **Planejamento Tributário e Segurança Jurídica**. Reconhecendo a inexistência de segurança jurídica no âmbito do planejamento tributário no Brasil, o autor se propõe a defender a relação entre essa realidade e a falta de regulamentação do parágrafo único do artigo 116 do Código Tributário Nacional (CTN).

Em razão da ausência de regulamentação do parágrafo único do citado dispositivo legal, não há norma dotada de eficácia para a desconsideração dos planejamentos tributários considerados como abusivos, o que não impede a atuação do Fisco, chancelada no âmbito do contencioso administrativo, de valer-se de teorias desprovidas de fundamentação no ordenamento jurídico, bem de institutos do Direito Civil, aplicados sem a adequada verificação de suas características mais importantes ou mesmo aplicabilidade perante o Direito Tributário, o que resulta em julgamentos desprovidos de coerência, entre si e para com o ordenamento como um todo.

Considerando a relação direta da tributação com propriedade e liberdade, bem como a inexistência de previsão constitucional acerca da obrigatoriedade de prática do fato gerador, é certo o direito do contribuinte de organizar suas atividades de modo a incidir na menor carga tributária possível, desde que pratique atos com respeito à legalidade, em momento anterior ao fato gerador, e respeitando a causa dos institutos jurídicos empregados.

Diante dessa realidade, mesmo aqueles que desejam planejar os seus negócios de maneira adequada, com respeito a todos os preceitos anteriormente descritos, por não contar com padrões adequados e estabelecidos na lei ou na jurisprudência, ficam sujeitos a autuações e suas respectivas multas, que, além de aumentar o valor do tributo, podem representar repercussão no âmbito criminal. Essas constatações levam à inevitável conclusão de inexistência de segurança jurídica no âmbito do planejamento tributário.

Adiciono ainda nesta obra texto sobre os **Efeitos Tributários de Critérios de Pagamento de Participação nos Lucros** de minha autoria relativamente à aplicação prática perpetrada pelas autoridades fiscais e necessidade de reforço legal sobre o disposto na Lei 10.101, editada no ano 2000, norma que isenta da incidência de contribuições previdenciárias os valores pagos aos empregados a título de participação nos lucros ou resultados (PLR).

A Lei 10.101 significou um relevante marco regulatório na legislação pátria, pois trouxe maior simplicidade para o instituto da PLR estimulando sua prática pelas empresas. A PLR por sua vez consiste em importante mecanismo de motivação e integração dos empregados no aumento de sua produtividade e portanto no aumento das perspectivas de lucratividade das empresas. Assim, contribui para a integração social e o crescimento econômico.

Por outro lado, com mais de 17 anos de experiência na aplicação prática da Lei, verifica-se a necessidade de seu aperfeiçoamento para que ela possa esclarecer melhor alguns aspectos semânticos que têm gerado dúvidas por parte de contribuintes e das autoridades tributárias resultando em inúmeras controvérsias no âmbito do contencioso administrativo e, não raro, perante as cortes judiciais.

Como exemplo, no que tange à participação do sindicato nas comissões de empregados, vale ressaltar que o sindicato não é obrigado a comparecer de comissões de empregados e empregadores ou a negociar a participação em resultados por essas comissões. Por isso é que, muitas vezes, os sindicatos convocados não comparecem às reuniões da comissão, obstando a negociação. O direito do empregado participar dos lucros da empresa é uma garantia constitucional, e não pode ser obstado pela ausência do sindicato.

A Lei 10.101 silencia sobre essa situação prática e a solução jurídica aplicável depende de uma interpretação sistemática das normas aplicáveis.

Nesse contexto, a melhor aplicação da Lei 10.101, à luz da CLT e da Carta Magna, sugere que a comissão possua como integrantes o empregado, o empregador e o sindicato, mas é importante que haja previsão em regra infralegal de que a abstenção do sindicato não prejudicará a formação da comissão e suas deliberações.

Com isso, afastam-se diversas incertezas e se facilita a negociação entre as partes, garantindo que o empregador não terá maiores dificuldades de provar a natureza jurídica da PLR assim paga e preservando o direito constitucional do trabalhador.

No que tange à definição de regras, no contexto atual, os índices de produtividade, de eficiência (que mede a relação entre as receitas e as despesas), de receitas e rentabilidade, têm sido bastante relevante na análise do desempenho das empresas, especialmente no setor de serviços.

Porém, a possibilidade de adoção de tais métricas está apenas implícita. Além disso, em muitos grupos empresariais, o critério para distribuição dos resultados transcende a simples ideia da entidade à qual o empregado está vinculado, baseando-se em indicadores da área de negócio ou do próprio grupo econômico, envolvendo mais de uma entidade.

Esse procedimento encontra respaldo na própria legislação trabalhista, que considera todas as empresas do mesmo grupo econômico solidariamente responsáveis perante os empregados correspondentes.

O fato de a referida Lei não se referir a tais indicadores de forma expressa, ou à possibilidade de serem considerados resultados que transcendem a entidade à qual o empregado está vinculado, pode gerar dúvidas acerca da regularidade de sua adoção, o que gera um ambiente de incertezas para as empresas e pode atrair questionamentos por parte da autoridade fiscal.

Ademais, quanto ao momento do estabelecimento das regras, a Lei determina que os programas de metas, resultados e prazos devem ser "pactuados previamente", mas não esclarece "previamente" ao que. Uma leitura coerente da norma sugere que as metas, resultados e prazos deveriam ser pactuados previamente à sua execução, para que as regras ficassem, assim, claras e objetivas.

As metas podem ser determinadas a qualquer momento do período-base ao qual se referem, desde que previamente à correspondente execução.

Nessa linha não há qualquer impedimento para a negociação de metas no início do período e sua revisão ao longo do período. Inclusive o caput do § 1º, artigo 2º, autoriza expressamente essa renegociação intercorrente. O importante é que a negociação e a renegociação sejam feitas antes da execução da meta, resultado ou prazo.

É importante que se esclareça esse aspecto temporal.

Ainda com relação ao momento do estabelecimento das regras, a Lei 10.101 não esclareceu o prazo no qual empregadores, empregados e sindicatos devem formalizar o instrumento de negociação da PLR.

A norma em nenhum momento exigiu que os planos de metas ou o instrumento de negociação da PLR sejam realizados anteriormente ao início do ano-calendário.

É importante a edição de disposição regulamentar que esclareça a redação da Lei 10.101 visando objetivar o que é por si lógico, portanto, que a negociação entre empregado e empregador deve ser concluída até o encerramento do período ao qual se refere.

Outro tema relevante é a adoção de dois ou mais planos de PLR. É bastante comum que as empresas mantenham mais de um programa de participação nos lucros ou resultados, os quais podem ser celebrados no âmbito de Convenções Coletivas e Acordos Coletivos, bem como de Comissões.

Isso é feito pelas mais variadas razões, sendo a mais comum delas alinhar os interesses dos empregados aos da empresa em mais de um aspecto.

Assim, um programa pode consagrar a lucratividade, enquanto outro pode buscar a satisfação de clientes.

E, desde que sejam respeitadas as demais regras consagradas pela Lei 10.101, a adoção de tais mecanismos é absolutamente legítima.

No entanto, a Lei 10.101 não prevê expressamente essa possibilidade, o que gera as mais variadas interpretações pelas autoridades fiscais.

Mais uma vez, este tema carece de uma alteração específica, para se esclarecer esse vácuo, permitindo-se que as empresas tenham mais segurança jurídica ao adotar tais mecanismos de remuneração para cumprimento dos objetivos da Lei 10.101 sem maior impacto econômico para o setor empresarial.

Como a apresentação procurou demonstrar, são artigos sobre assuntos atuais e relevantes, preparados com muito esmero e rigor técnico por seus autores, a quem quero parabenizar pela excelência de sua produção acadêmica. Quero estender meus parabéns igualmente ao professor orientador dos autores, meu colega e amigo Régis Fernando de Ribeiro Braga. Por fim, não posso deixar de parabenizar a Editora Almedina e o Insper pela exitosa parceira que mantém, sem a qual esta publicação não teria ocorrido.

Desejo a todos uma boa leitura!

ROGÉRIO GARCIA PERES
Professor do Insper Direito no LLM em Direito Tributário no LLC em Direito Empresarial. Membro do Conselho do Insper Direito.

PREFÁCIO

Há 18 anos, o Insper lançava o seu primeiro programa de LL.M – Master of Laws.

Hoje, com quatro programas de LL.M – Direito dos Mercados Financeiro e de Capitais, Direito Societário, Direito Tributário e Direito dos Contratos – e um programa de LL.C em Direito Empresarial Privado, o Insper Direito consolida seu papel como um centro de estudos e de divulgação da cultura jurídica nos meios empresariais do País, ao publicar, a cada semestre, a Coleção Estudos Aplicados ao Direito Empresarial.

Honra-me, assim, sobremaneira prefaciar o Segundo Volume da Coleção Estudos Aplicados ao Direito Empresarial.

Fruto das melhores monografias de alunos e trabalhos de professores da pós-graduação em Direito, esta obra vem ao encontro da proposta educacional do Insper: multidisciplinariedade, com enfoque prático e ao mesmo tempo primando pela qualidade de seus corpos docente e discente.

Esta obra escapa ao modismo superficial de um conhecimento feito, acabado, compelido em textos para a conclusão do curso. Trata-se de uma obra que agrega ao mundo empresarial que precisa entender a dinâmica do mercado, inclusive em seus aspectos jurídicos.

Como toda obra coletiva, também esta precisa ser lida tendo-se em consideração a riqueza específica de cada contribuição, na diversidade que apresenta. Mas é o conjunto da obra que me alegra ao constatar que algo importante e novo está se passando nos cursos de LL.M e LL.C: as produções acadêmicas estão abordando cada vez mais conhecimentos nas áreas da economia, finanças, contabilidade e em negociação estratégica, ferramentas cada vez mais demandadas dos juristas da área empresarial.

E é na produção acadêmica desenvolvida com qualidade que assenta o aperfeiçoamento profissional.

Boa leitura!

Pierre Moreau

SUMÁRIO

Grupos Empresariais e a Gestão de Caixa Único – Incidência do Imposto sobre Operações Financeiras – IOF/Crédito
Filipe Torres da Silva Amaral — 19

Os Benefícios Fiscais Incidentes na Remessa de Mercadorias para a Zona Franca de Manaus: Efeitos da Ação Direta de Inconstitucionalidade nº 310
Isabela Garcia Funaro — 57

A (Des)Necessária Sincronia na Concessão de Subvenções para Investimento – Questionamentos à Instrução Normativa nº 1.700/17
Marcus Furlan — 115

Planejamento Tributário e Segurança Jurídica
Vinícius Vicentin Caccavali — 159

Efeitos Tributários de Critérios de Pagamento de Participação nos Lucros
Rogerio Garcia Peres — 209

Grupos Empresariais e a Gestão de Caixa Único – Incidência do Imposto sobre Operações Financeiras – IOF/Crédito

Filipe Torres da Silva Amaral

Introdução

É indiscutível que o peso da carga tributária no Brasil que no ano de 2015 atingiu incríveis 32,71% do Produto Interno Brasileiro – PIB –, obriga os contribuintes a se planejarem e se organizarem no intuito de tornar mais lucrativos os seus negócios, sem perder a capacidade de investimento, pelo que o tema a ser pormenorizado ganha cada vez maior relevância, haja vista que este instrumento vem sendo usado em maior escala.[1]

Além do elevado ônus tributário anteriormente citado, o Brasil é campeão mundial na complexidade de pagar tributos, ou seja, é o país em que mais se gasta tempo para cumprir obrigações acessórias e pagar impostos, taxas, contribuições de melhoria, empréstimos compulsórios e contribuições gerais (de intervenção no domínio econômico, sociais e profissionais), con-

---

[1] Boletim do Tesouro Nacional. Março/2016. Disponível em: <http://www.tesouro.fazenda.gov.br/documents/10180/246449/Nimmar2016.pdf/cc8719ff-3c58-4073-b74d-b1095897e61d>. Acesso em 05 jun. 2016.

forme se infere do festejado estudo realizada pelo Banco Mundial e pela PricewaterhouseCoopers denomidado *Paying Taxes*. O supracitado trabalho que abrangeu 189 nações concluiu que o Brasil é o país em que mais se gasta horas para atender a legislação tributária, chegando este montante há 2.600 horas por ano, enquanto o segundo pior colocado é a Bolívia que demanda 1.025 horas por ano, menos da metade do tempo demandando por aqui.[2]

A título exemplificativo é interessante colocar que o Empresário Jorge Gerdau Johannpeter em entrevista afirmou que tem duas empresas do mesmo tamanho, uma nos Estados Unidos da América e outra no Brasil.

No segundo ele tem 42 pessoas na área fiscal só para *compliance*, com o objetivo de cumprir todos os procedimentos tributários, enquanto que em terras norte americanas, o empresário tem apenas uma pessoa.[3]

Frise-se que o cipoal de normas jurídicas tributárias, burocracias e obrigações acessórias se refletem na edição de 352.366 regras pertinentes a tributos desde a promulgação da Constituição Federal de 1988[4], o que representa um total de 46 novas normas por dia. Estima-se que se esta legislação fosse impressa em papel formato A4 e letra tipo Arial 12, corresponderia a 5,8 quilômetro.[5]

---

[2] Paying Taxes 2016. Disponível em: <http://www.pwc.com/gx/en/services/tax/paying-taxes-2016/overall-ranking-and-data-tables.html>. Acesso em 05 jun. 2016.

[3] Cobranças a Granel. Disponível em: <http://www.conjur.com.br/2015-jun-14/entrevista-luiz-gustavo-bichara-advogado-tributarista> Acesso em 05 de jun. 2016.

[4] Instituto Brasileiro de Planejamento e Tributação. Disponível em: <https://www.ibpt.com.br/noticia/2272/Mais-de-700-normas-sao-editadas-diariamente-no-Brasil-desde-a-constituicao-de-88> Acesso em 05 de jun. 2016.

[5] Instituto Brasileiro de Planejamento e Tributação. Disponível em: < https://www.ibpt.com.br/noticia/1951/Brasil-cria-em-media-46-novas-regras-de-tributos-a-cada-dia-util>. Acesso em 07 de jun. 2016.

Tais fatos não tiveram o condão de evitar que o Brasil ocupasse a incômoda segunda colocação no ranking dos países com a maior evasão tributária do mundo, somente perdendo para a Rússia, bem como ser a quarta nação do mundo em número de contas *offshore*.[6]

Ademais, se faz mister chamar a atenção para o fato de que o Brasil se posiciona na desonrosa última posição na listagem que indica o retorno que o Estado promove à sociedade em proporção com a carga tributária arrecadada.[7]

Sendo assim, o contribuinte se vê obrigado a dispender grande parte do que recebe das suas atividades em contratar bens e serviços que supostamente o Estado lhes garantiria por força dos direitos previstos na Constituição Federal de 1988 e dos fatos anteriormente narrados, o que não ocorre na realidade, levando aos pagadores de tributos buscarem formas lícitas de planejamento tributário.

Ultrapassada esta contextualização o tema a ser abordado mostra-se relevante pois se trata de uma das formas lícitas de planejamento tributário que mais vem ganhando relevância nos últimos tempos, sendo utilizada pelos conglomeradores empresariais.

A gestão de caixa único permite que as Empresas tenham uma maior eficiência na gestão da conta corrente evitando gastos excessivos com departamentos financeiros, tesourarias e consequentemente com controladoria, fiscal, tributário e jurídico, permitindo maiores investimentos na atividade produtiva e inovação.

---

[6] Grupo Tax Justice Network. Disponível em: <http://www.conjur.com.br/2016-mai-26/allan-nunes-integracao-global-tambem-afeta-planejamento-tributario>. Acesso em 05 de jun. 2016.

[7] Instituto Brasileiro de Planejamento e Tributação. Disponível em: < http://www.ibpt.com.br/noticia/2171/Pelo-5o-ano-seguido-Brasil-arrecada-muito-mas-nao-da-retorno>. Acesso em 07 de jun. 2016.

Muitas companhias, em razão de terem um excesso de caixa que não é imediatamente reinvestido na atividade ou redistribuído aos acionistas, com o intuito de otimizar a gestão desses recursos preferem os concentrar numa única pessoa jurídica, buscando uma melhor administração das contas a pagar e a receber e uma gestão mais eficiente dos empreendimentos do grupo.

Tal matéria tem sido objeto de intensos debates no Direito Tributário brasileiro, haja vista que envolve a incidência do Imposto de Renda na Fonte – IRF -, e do Imposto Sobre Operações Financeiras – IOF/Crédito -, os quais podem ser devidos em determinadas circunstâncias nas quais se caracterize contratos de mútuo.

Em síntese, trânsitos financeiros entre pessoas jurídicas sempre acarretam riscos de serem equiparados a empréstimos, principalmente quando não justificados por alguma relação jurídica distinta do contrato de mútuo ou, como é comum, quando simplesmente lançados em conta corrente contábeis.

Esclareça-se, que o trabalho abordará exclusivamente o Imposto Sobre Operações Financeiras –IOF/Crédito -, de modo que não pretende se falar sobre o Imposto de Renda na Fonte – IRF.

Outra premissa que de antemão merece esclarecimento é que a jurisprudência investigada tão somente se ateve ao âmbito administrativo, ou seja, ao Conselho Administrativo de Recursos Fiscais – CARF -, haja vista que tal órgão é reconhecidamente dotado de grande capacidade técnica, pelo que pelo assunto ainda carecer se maior maturação na corte de tributos anteriormente mencionada, ele ainda não encontra elementos que demandem uma apreciação com maiores detalhes por parte do poder judiciário.

Como irá se concluir, a principal preocupação para evitar a incidência tributária atinente aos mútuos deve sempre concentrar-se na comprovação da razão para a movimentação financeira dentro do grupo, idealmente por via contratual – restando claro se tratar de uma relação de gestão de conta corrente concentrada em uma empresa de um grupo econômico, configurando um caixa único – e, evidentemente, com perfeita adequação entre a formalização contratual e a substância jurídica efetiva da relação jurídica determinante do movimento.

Dada a preocupação com os impactos fiscais que ocupa boa parte da agenda da atividade empresarial, cujas decisões não são tomadas antes de profundos estudos e análises detalhadas sobre a tributação de suas operações, a fim de viabilizar, inclusive, a sustentabilidade do seu negócio.

1. Aspectos Gerais do Imposto sobre Operações Financeiras – IOF/Crédito

Antes de mais nada é importante abordar acerca do tributo sobre o qual o trabalho irá se debruçar, sendo certo a sua previsão na Constituição Federal de 1988, mais especificamente no artigo 153 que confere à União Federal instituir impostos sobre operações de crédito.

A importância do Imposto Sobre Operações Financeiras – IOF – é indene de dúvidas pois é considerado um tributo com efeito indutor, ou seja, se trata de um mecanismo pelo qual a União Federal interfere na economia objetivando imputar alguma conduta específica.

Logo, é um imposto dotado de extrafiscalidade, cujo objetivo não se resume meramente à arrecadação tributária para as regulares funções estatais.

Sobre o assunto Leandro Paulsen nos ensina:

> "Se trata de um tributo com finalidade extrafiscal quando os efeitos extrafiscais, deliberadamente pretendido pelo legislador

que se utiliza do tributo como instrumento para dissuadir ou estimular determinadas condutas."[8]

Ainda nesta linha, o tributo sobre o qual se discorre tem participação fundamental na economia, sendo sua natureza propícia para políticas de Governo e Estado. Senão vejamos:

> "O Direito Tributário, o qual estuda os tributos fiscais e seus contornos, relaciona-se com o Direito Econômico a partir do momento em que a política tributária intervir na economia. A forma pela qual a política tributária intervém na política econômica é chamada de extrafiscalidade. Por exemplo, quando há o intuito de estimular determinado setor da economia, o governo tem a possibilidade de reduzir a alíquota dos impostos incidentes, de forma a incentivar determinada atividade econômica."[9]

Os dizeres acimas são bem fundamentados quando observamos o artigo 21 da Carta Magna Nacional que confere à União Federal fiscalizar as operações de crédito – tema central analisado -, bem como o parágrafo 1º do inciso V do artigo 153 deste mesmo diploma legal que cria uma exceção ao princípio da legalidade ao facultar ao poder executivo, desde que atendidas as condições e os limites estabelecidos em lei, alterar as alíquotas do Imposto Sobre Operações Financeiras – IOF.

Outra sinalização do caráter indutor e da importância do tributo em questão é que ele também é contemplado como sendo também exceção aos princípios constitucionais da anterioridade, seja ela a anual (pertinente ao próximo exercício), seja ela a nonagesimal/noventena (quando os efeitos jurídicos só passa-

---

[8] PAULSEN, Leandro. **Curso de Direito Tributário Completo.** Porto Alegre: Livraria do Advogado, 2012. p. 18-19.
[9] Nazar, Nelson. **Direito Econômico.** Bauru: EDIPRO, 2009. p. 39.

rão a produzir efeitos 90 dias após a publicação do dispositivo legal), estando positivada tal assertiva nas alíneas "c" e "b" do inciso III do artigo 150 da Constituição Federal em vigência.

Frise-se uma vez mais, que em que pese o fato de artigo 153 da Lei maior conferir competência para a União Federal instituir impostos sobre operações de câmbio, seguro e relativos a títulos ou valores mobiliários, abordar-se- a tão somente as operações de crédito.

Observa-se, que a incidência do Imposto Sobre Operações Financeiras – IOF – que tem como fato gerador as operações de crédito afasta o tributo sobre as questões atinentes a títulos e valores mobiliários, assim como as operações de crédito externo configuram a tributação por meio do IOF câmbio.

Ademais, o inciso I do artigo 2º do Decreto 6.306/2007 reproduz os dispositivos constitucionais ao atestar que o Imposto Sobre Operações Financeiras –

IOF – incide sobre operações de crédito realizadas por instituições financeiras, *factoring* e entre pessoas jurídicas ou entre pessoa jurídica e pessoa física.

O artigo 3º do Decreto alhures define como sendo o fato gerador do Imposto Sobre Operações Financeiras – IOF -, mais especificamente o de operações de crédito, como sendo a entrega do montante ou do valor que constitua o objeto da obrigação a sua colocação à disposição do interessado.

Dito isto, o Professor Paulo de Barros Carvalho consagrou a regra matriz de incidência tributária, ferramenta que permite unir as hipóteses gerais e abstratas previstas nos dispositivos legais e a sua aplicabilidade com as situações concretas, de forma a tornar mais claro e didático a análise das estruturas normativas tributárias.

Sobre este tema, convém reproduzir os ensinamentos do ilustre Jurista alhures sobre a estrutura da norma tributária, dividindo-a entre a hipótese, a qual:

"(...) é construída pela vontade do legislador, que recolhe os dados de fato da realidade que deseja disciplinar (realidade social), qualificando-os, normativamente, como fatos jurídicos.
(...) E desse conceito, podemos extrair critérios de identificação que nos permitem reconhecê-lo toda vez que, efetivamente, aconteça. No enunciado hipotético vamos encontrar três critérios identificadores do fato: *a)* critério material; *b)* critério espacial; e *c)* critério temporal.[10]

(...) Se a hipótese, funcionando como descritor, anuncia os critérios conceptuais para o reconhecimento de um fato, o consequente, como prescritor, nos dá também, critérios, para a identificação do vínculo jurídico que nasce, facultando-nos saber quem é o sujeito portador do direito subjetivo; a quem foi cometido o dever jurídico de cumprir certa prestação; e o seu objeto, vale dizer, o comportamento que a ordem jurídica espera do sujeito passivo e que satisfaz, a um só tempo, o dever que lhe fora atribuído e o direito subjetivo de que era titular o sujeito pretensor.

Ao preceituar a conduta, fazendo irromper direitos subjetivos e deveres jurídicos correlatos, o consequente normativo desenha a previsão de uma relação jurídica, que se atrela ao fato por meio de um functor neutro, que não sofre a influência dos modais deônticos."[11]

No contexto de gestão de caixa único, devendo se entender este como sendo o mecanismo pelo qual as Empresas perseguem maior eficiência na gestão da conta corrente, isto é, para que os excessos de caixa que não são imediatamente reinvestidos na atividade ou redistribuído aos acionistas, possam ser otimizados, com a sua concentração numa única pessoa jurí-

---

[10] CARVALHO, Paulo de Barros. **Curso de Direito Tributário.** 26. ed. São Paulo: Saraiva, 2014. p. 261-262.
[11] Ibidem, p. 284.

dica, buscando uma melhor administração das contas a pagar e a receber e uma gestão mais eficiente dos empreendimentos do grupo, o assunto do Imposto Sobre Operações Financeiras ganhou maior destaque com a Lei nº 9.779/1999, que em seu artigo 13 inseriu a alínea "c" do inciso I do artigo 2º do Decreto nº 6.306/2007.

Isto porque, antes desta alteração legislativa não havia disposição expressa quanto às operações de créditos realizadas entre pessoas jurídicas, ou seja, nas situações de gestão de caixa único em um Grupo Empresarial os riscos estariam mitigados.

Com a inovação introduzida pelo artigo 13 da Lei nº 9.778//1999 criaram-se os fundamentos jurídicos que passaram a possibilitar que as autoridades fazendárias pudessem equiparar os trânsitos financeiros entre pessoas jurídicas com empréstimos, principalmente quando não justificados por alguma relação jurídica distinta do contrato de mútuo ou, como é comum, quando simplesmente lançados em conta corrente contábeis.

Com efeito, o ponto nevrálgico no que diz respeito à incidência do Imposto Sobre Operações Financeiras – IOF/Crédito -, nas operações de caixa único, consiste em segregar as características dos contratos de gestão de conta corrente, que possuem natureza atípica, dos contratos de mútuo, que possuem tipificação no Código Civil de 2002, mais especificamente nos artigos 586 a 592, que atestam se tratar de empréstimos de bens fungíveis, como o dinheiro, para serem restituídos pelo mutuário ao mutuante na mesma quantidade, gênero e qualidade.

O capítulo que se sucede terá como escopo melhor delinear as diferenças entre os contratos de mútuo dos contratos de gestão de conta corrente, possibilitando assim, visualizar que a hipótese de incidência tributária do imposto ora abordado não encontra guarida na segunda espécie contratual.

2. Diferenciação dos Contratos de Mútuo dos Contratos de Conta Corrente

O contrato de gestão de conta corrente não é regulado por lei específica, tampouco pelo Código Civil de 2002, atualmente em vigência, sendo, portanto, o que se denomina como sendo contrato atípico ou contrato inominado.

Nesta circunstância, a validade dessa espécie contratual decorre da liberdade de contratar, que advém do disposto no inciso II do artigo 5º da Constituição Federal e está regulada mais especificamente pelos artigos 421 e 425 do Código Civil de 2002.

No contrato inominado todos os direitos e todas as obrigações, isto é, as prestações e contraprestações, exsurgem apenas do contrato, e não da lei.

Um contrato será efetivamente inominado quando suas cláusulas estabelecerem prestações e contraprestações que não se coincidam com as que são próprias de algum contrato nominado, pois, se houver tal coincidência, tratar-se-á de contrato típico, nominado e regulado pelas normas legais respectivas.

Portanto, da perfeita definição de uma determinada espécie contratual atípica depende poder ela ser distinguida de outras espécies conhecidas, principalmente das disciplinadas expressamente pela lei, sob pena de se tratar de uma simples denominação dada ao negócio jurídico, mas que não seja condizente com sua efetiva estrutura e com a sua finalidade própria.

Neste mister, no caso específico do contrato de conta corrente, impõe-se distingui-lo principalmente do contrato de mútuo, não apenas pelas sensíveis diferenças que um e outro desses contratos acarretam na vida privada das respectivas partes, como também em face das diversas incidências tributárias que podem acarretar.

O contrato de mútuo é aquele em que a parte que recebe a coisa mutuada deve devolvê-la no prazo pactuado ou legal, em coisas do mesmo gênero, da mesma qualidade e da mesma quantidade.

Por outro lado, se o contrato for de conta corrente não existe essa obrigação, nem há direito à devolução de valor que tenha sido entregue à outra parte, pois outras são as expectativas das partes e outros os seus objetivos, ou, em outras palavras, outra a sua função econômico-social ou sua função econômico-prática.

O mútuo é contrato tipificado pelo Código Civil, regulado pelos artigos 586 a 592, e consiste no empréstimo de bens fungíveis, como o dinheiro, para serem restituídos ao mutuante na mesma quantidade, gênero e qualidade.

Por meio desta espécie contratual, a propriedade dos bens é transferida ao mutuário, que pode utilizá-los como lhe aprouver, mas também passa a ser responsável pelos danos que eles possam sofrer.

Com efeito, no caso de empréstimo de quantias monetárias, para o mutuário existem riscos como o furto, o roubo, a apreensão, entre outros, todavia, independentemente de eventos fortuitos ou de força maior, o mutuário deve devolver a quantia emprestada no prazo contratualmente estipulado.

O contrato de conta corrente, por sua vez, não envolve necessariamente a transferência de bens, que, como dito é uma das características centrais do mútuo.

É um acordo no qual as partes abrem mão de receber e pagar valores entre si devidos por decorrência de outros negócios jurídicos, e se comprometem a registrá-los contabilmente como débitos e créditos não exigíveis de pronto, mas apenas no vencimento do contrato ou em datas prefixadas.

Em virtude destas características fundamentais alhures destacas, o contrato de conta corrente é classificado como contrato consensual, e não real.

Vale observar que o contrato de conta corrente não tem um fim que, para se realizar, seja independente de outros negócios, como ocorre com o mútuo.

No mútuo, o objeto contratual é o empréstimo de coisas fungíveis, e todos os direitos e obrigações dele derivados giram em torno desse objeto. Já no contrato de conta corrente o objeto é constituído pelo pacto de não cobrança individual de direitos, substituída por lançamentos em conta corrente para recíprocos encontros de contas, resultando na não exigibilidade imediata de quantias devidas de parte à parte por decorrência de outros contratos, ou mesmo da lei, podendo-se, pois, dizer que o contrato de conta corrente é um contrato cujo objeto são as relações jurídicas derivadas de outros contratos ou de disposições legais.

Em outras palavras, o contrato de conta corrente não é propriamente ligado a outros contratos, nem forma com eles o que se denomina "atos ou negócios jurídicos complexos", mas ele somente tem aplicação se houver outras relações contratuais ou legais entre as partes que o pactuam, porque são os débitos e créditos destas outras relações jurídicas que se constituem no objeto do contrato de conta corrente e recebem o tratamento por ele determinado.

A observação atenta destas considerações vai revelar que cada movimento derivado do contrato de conta corrente – portanto, cada lançamento de débito e crédito – na verdade é movimento que, precedente e originariamente, deriva de uma outra espécie de relação jurídica. É assim que se forma a conta corrente a que o contrato alude e que é por ele regida.

Quando a conta for encerrada no vencimento estabelecido contratualmente, apura-se se existe algum saldo exigível em favor de alguma das partes. Se as contas, por hipótese estiverem zeradas, processa-se a quitação recíproca, mas, se. ao contrário uma das partes for devedora da outra, só então ocorre o nascimento de uma dívida – correspondente à diferença líquida entre as contas – a ser saldada em prazo e condições que as partes tiverem pactuado.

Assim, o objeto do contrato de conta corrente é estabelecer entre as partes a obrigação de não se cobrarem e de lançarem e anotarem em conta corrente os créditos e débitos de uma e da outra, e o seu efeito é o encerramento da conta apenas no vencimento, pelo respectivo saldo líquido.

Sendo assim, a transferência da propriedade de dinheiro é eventual, podendo ocorrer ou não, não sendo elemento essencial dessa forma contratual, como o é no mútuo.

No que tange à escrituração contábil do contrato de conta corrente, impõe-se que seja feita à parte de outras contas correntes meramente contábeis, assim como se impõe a separação do mesmo em relação a outros débitos e créditos das duas partes envolvidas no contrato, mas que não estejam abrangidos por ele, segundo suas disposições quanto ao seu objeto.

Cabe também mencionar que, embora tolerada pela doutrina e mesmo não havendo norma legal proibitiva, na pureza desse contrato não há a incidência de juros sobre os valores registrados a débito e a crédito da conta corrente contratual, já que os correspondentes valores, por força do contrato, não são exigíveis antes do fechamento da conta.

Em outras palavras, a simples anotação contábil de débitos e créditos recíprocos não gera relação jurídica creditícia, como ocorre no caso do mútuo, dado que, como já dito, nenhuma das partes pode cobrar qualquer quantia da outra enquanto a conta não for encerrada no seu vencimento e enquanto, por meio de balanço no vencimento, não for apurada a existência de saldo a favor de uma delas, que, somente então, passa à condição de credora da outra.

Por isso, somente no vencimento contratual poderá nascer uma nova relação jurídica, esta sim de natureza creditória, na qual será apurada a forma de pagamento da quantia eventualmente devida, a incidência de juros, o fornecimento de garantias, etc., tudo segundo as disposições do respectivo contrato.

Melhor explicando, a liquidação do saldo da conta corrente não precisa ser feita necessariamente no termo final do contrato de conta corrente, sendo normal e não incompatível com ele a fixação, nesse próprio contrato, de um prazo razoável para se proceder à conciliação dos lançamentos feitos por ambas as partes e para o respectivo pagamento.

O que pode ocorrer é, após tais providências as partes pactuarem um novo prazo de pagamento, hipótese em que haveria uma nova relação jurídica possivelmente caracterizada como mútuo.

A despeito da melhor adequação do contrato de conta corrente à inexistência de juros durante a sua vigência, a incidência de juros é admitida pela doutrina, que entende possa ser pactuada no contrato de conta corrente, tanto quanto o pode em outros tipos contratuais que não sejam contratos de mútuo.

Evidentemente que a inserção de cláusula de juros é feita nos casos em que, dependendo das características próprias de cada um, o acréscimo de juros seja medida necessária a manter o equilíbrio econômico-financeiro do contrato, tanto quanto uma cláusula de paridade ou atualização cambial pode ser uma necessidade de contratos entre pessoas de diferentes países.

Nem por isso, contudo, o contrato de conta corrente perde sua natureza jurídica, como também ocorre com outros contratos de outras espécies.

Todavia, e ainda por falta de norma legal, somente haverá incidência de juros no contrato de conta corrente se houver cláusula expressa, ao contrário do contrato de mútuo destinado a fins econômicos, no qual os juros são presumidos (art. 591 do Código Civil).

Outro elemento do contrato de conta corrente, que o distância do contrato de mútuo, é que, no primeiro, as partes, no curso do contrato, têm posições idênticas em relação aos direitos e deveres contratuais: ambas devem lançar nas respectivas escriturações contábeis os valores econômicos das operações recíprocas, e ambas têm o direito de exigir que a outra parte aja da mesma forma, além de que ambas não podem se cobrar pagamentos antes do encerramento da conta.

Já no mútuo, não existe essa reciprocidade, uma parte tem o dever de entregar o dinheiro e o direito de reavê-lo no prazo estipulado, e a outra tem o direito de receber a quantia e o dever de devolvê-la nos termos contratualmente previstos.

Antônio da Silva Cabral, em trabalho doutrinário de 1990 apresentou extensa lição sobre o tema, contrapondo o contrato de mútuo, objeto dessa norma, a outros contratos, inclusive ao contrato de conta corrente. Especificamente sobre este, ele disse:

> "5. 6- MÚTUO E CONTRATO DE CONTA CORRENTE PONTES DE MIRANDA (Tratado, cit., LXII, pág. 120) forneceu a seguinte definição:
>
> "Contrato de conta corrente é o contrato pelo qual os figurantes se vinculam a que se lancem e se anotem, em conta os créditos e débitos de cada um para com o outro, só se podendo exigir o saldo ao se fechar a conta."
>
> Pela definição logo se percebe não existir possibilidade de se confundir mútuo com contrato de conta corrente, como também não existe qualquer identidade entre mútuo e abertura de crédito. Estamos diante de três espécies de acordos que de maneira alguma se confundem, embora, na contabilidade, o contrato de abertura de crédito se exteriorize mediante conta corrente.
>
> O contrato de conta corrente não envolve em si nenhum acordo para empréstimo de dinheiro. A promessa, neste caso, está, apenas, em se escriturarem os créditos decorrentes de operações em que os contratantes sejam titulares. No contrato de conta corrente não se faz um mútuo nem se abre um crédito, mas se conveciona o que fazer com créditos passados, presentes e

futuros. Nessa conta vão sendo lançados débitos e créditos que se excluem mutuamente e o saldo da conta só é exigível quando se dá o vencimento do contrato de conta corrente, embora, para efeitos fiscais e por força do princípio da competência de exercícios, se possa considerar o contrato vencido a cada fim de exercício social, sobretudo quando se convencione a cobrança de juros e correção monetária sobre os débitos que realmente devam sofrer esses encargos.

Sempre, no entanto, convém ter em mente a regra geral, no sentido de que conta corrente, conforme o próprio nome indica, é uma conta que corre para um desfecho, assim como o rio que corre para desaguar no mar.

Cito a lição de PONTES DE MIRANDA (op. cit.,pág. 119):

"Do contrato de conta corrente não se irradiam relações jurídicas creditícias (que são relações jurídicas obrigatórias entre os figurantes), mas apenas o dever de lançar e anotar os créditos de um e de outro, e, para o outro figurante, o de ater--se a esses lançamentos e anotações."

Mais adiante haveria de escrever:

"Os negócios jurídicos de que resultam os créditos e os débitos são estranhos à conta corrente, que a eles apenas se refere, para os submeter à escrituração específica."

Este é um aspecto para o qual tanto o Fisco quanto os contribuintes não vêm atentando, querendo aquele se computem juros e correção monetária sobre quantias escrituradas em conta corrente só porque estão em conta corrente, como se esta conta representasse um mútuo em si mesmo. Esquecem-se de que o importante é a análise do negócio jurídico que deu motivo ao lançamento em conta corrente.

É um erro, frequentemente encontrado na escrituração de empresas e em atos normativos do Fisco, encarar-se a conta corrente como se esta representasse uma dação recíproca de empréstimo, quando o importante seria analisarem-se os negócios jurídicos que motivaram os débitos ou créditos em conta corrente. Nem há que se calcular correção monetária e juros sobre determinada quantia escriturada em conta corrente justamente porque, enquanto existir a conta corrente nenhum dos contratantes poderá exigir a obrigação do outro. Tal só ocorrerá quando a conta corrente for fechada. O que é exigível é, repita-se, o saldo da conta corrente.

O que domina, pois, o contrato de conta corrente é o princípio da reciprocidade: ao mesmo tempo em que se lança um crédito, tem-se que considerar o que a débito existe, de modo a sempre se apurar um saldo, não se podendo lançar uma quantia simplesmente como mútuo, sem se atentar para o fato de que essa conta supõe relação débito-crédito.

Além do mais, o contrato de conta corrente é consensual, enquanto o contrato de mútuo é real. Não há, pois, como se tomar um pelo outro.

Em homenagem à sabedoria do Mestre, transcrevo o que disse PONTES DE MIRANDA (Tratado de Direito Privado, 3'. ed., 1984, vol. LXII, pág. 132):

"MÚTUO E CONTRATO DE CONTA CORRENTE - O que mais caracteriza o contrato de conta corrente é que as prestações prometidas são atividades computísticas e contabilísticas. Não há mútuo, nem promessa de mútuo. Quando se fecha a conta corrente ocorre o reconhecimento é que se estabelece nova relação jurídica, pois os créditos constantes dos saldos expedientes, sobre os quais se pode convencionar fluírem juros, são créditos com pretensões paralisadas, por sua função meramente contábil. A falta de atenção de muitos juristas à exterioridade, em relação aos créditos entrados, do conteúdo e da função do contrato de conta corrente, levou ao desespero, a ponto de ter um jurista francês afirmado haver sujeito (ente moral) na conta corrente. Não há, tão-pouco, abertura reciproca de crédito, porque os créditos entrados ficam sem pretensão eficaz e sem ação eficaz, mesmo no que se refere aos saldos expedientes.

Uma vez que o contrato de conta corrente toma inexigíveis os créditos entrados e os próprios saldos-expedientes, tem-se de reconhecer que ele, se não corta a pretensão e a ação, que deles se irradiam, as corta — as paralisa — durante o curso da conta. Não se pode dizer que os saldo-expedientes são outros créditos, que se põem no lugar dos que foram computados, nem que há sucessivas compensações, porque a compensação é instituto jurídico, e os saldos expedientes, atos meramente instrumentais. Apenas atendem esses a atividades contabilísticas, mesmo quando se hajam de computar juros."

É necessário, pois, que se deixe de lado a corrente que ora se alastra pelo pais, no sentido de ver a conta corrente como uma hipótese de mútuo. Esta tendência que, inicialmente, beneficiava o Fisco, passou, agora, a ser objeto de manipulação por empresa do mesmo grupo, pois descobriram elas que, seguindo a tese do Fisco, podem computar juros e correção monetária sobre qualquer quantia da conta corrente, criando, por vezes, despesas de juros e correção monetária completamente inexistentes."[12]

A segunda lição doutrinária que inevitavelmente deve ser referida é a de Paulo Maria de Lacerda, em livro dedicado especificamente ao tema, de onde se extrai os seguintes trechos:

> "É da substância do mútuo que o mutuário se obrigue a dar ao mutuante outro tanto 'in genere' do que recebeu; de maneira que imediatamente após a realização do contrato, perfeito e acabado pela entrega do objeto fungível cuja propriedade passa do

---

[12] CABRAL, Antonio da Silva. **Negócios de Mútuo Entre Empresas do Mesmo Grupo**: Direito Tributário Atual – Vol. 10. São Paulo: Editora Resenha Tributária, 1990. p. 2913.

mutuante para o mutuário, começa a existir dívida certa a cargo de devedor cena, que é o mutuário. A obrigação assumida pelo mutuário é de dar no significado jurídico técnico da palavra.

Sem a tradição do objeto não há mútuo, pois este contrato é real: (...) Fungível deve ser o objeto do mútuo, que se numera, pesa ou mede, "qualis est pecunia numerata, vinum, oleum, frumentum, aes, argentum, aurum; pois é da essência do contrato que essas coisas sejam emprestadas para serem consumidas. Devem elas ser fungíveis pela sua mesma natureza, ou pelo modo que as partes as consideram.

Ora na conta-corrente não há dívida enquanto a conta corrente. O aparecimento do saldo, única dívida que a conta-corrente pode produzir, é eventual, não certo, e como se não pode ao menos juridicamente determinar desde logo contra quem resultará, o devedor, se houver dívida, não é certo desde logo, porém incerto.

Dupla incerteza na conta-corrente: a dívida, que pode vir ou não vir, e a do devedor que, caso futuramente haja dívida, tanto pode ser um como outro correntista. No mútuo a certeza é desde logo dupla: a dívida é certa, o devedor é certo.

Quando as partes formam o contrato de mútuo já imediatamente sabem que o mutuante há de entregar ao mutuário um determinado objeto fungível, transferindo-lhe a propriedade, que o mutuário, findo o prazo concedido para gozar do benefício, deve dar por sua vez ao mutuante outro objeto do mesmo gênero.

Na conta-corrente as partes não sabem de antemão precisamente quais os objetos que se remeterão reciprocamente, e cujos valores nela entrarão como verbas componentes. A distinção entre objetos fungíveis e infungíveis é supérflua; pois na conta-corrente entram somente valores, e estes, em sendo depósitos, não pertencerão juridicamente a ela, embora materialmente anotados no respectivo quadro gráfico, uma vez que a remessa feita e recebida funde no todo indivisível da conta-corrente o respectivo valor, coisa está incompatível com o depósito regular.

Igualmente não pesa ao recipiente a obrigação de dar outro tanto do mesmo gênero. Ele tem apenas a faculdade de remeter também; mas não coisa de gênero certo, idéia que se não aplica ao valor.

(...) Na conta-corrente não há dívida a que se possa aplicar uma cláusula que torne exigíveis as suas parcelas, uma a uma, no fim de certo tempo. Enquanto a conta-corrente há tão somente obrigação para cada um dos correntistas de se debitar pelos valores das remessas recebidas. Se as verbas fossem suscetíveis de sujeitar-se á clausula semelhante, burlada ficaria a intenção das partes e nada mais significaria o encerramento da conta-corrente, quando está na verdade se teria composto de créditos independentes uns dos outros, com vencimentos seus, e por conseguinte inscritos na conta corrente como inscritos estariam em qualquer outra conta ou quadro computistico de transações efetuadas. Tirar-se-ia, portanto, a conta corrente o caráter contratual; ficaria ela reduzida a mero sistema computístico, e mudo menos estaríamos em face a um contrato 'sui generis'.

A verdadeira intenção das partes, porém é reunir as operações numa só massa homogênea, deixar de lado todos os característicos, efeitos e consequências especiais de cada uma das transações, e liquidar todas por junto depois de findo o tempo do contrato. Isto exclui a idéia de obrigação exigível ou exequível. A única obrigação é a de creditar e debitar; a única dívida a do saldo, findo o contrato ou, segundo for a vontade das partes, no fim de períodos determinados."[13]

Ultrapassada a questão doutrinária acerca da segregação das naturezas das espécies contratuais, de modo que essa perfeita distinção destes negócios jurídicos ocasionará os respecti-

---

[13] LACERDA, Paulo Maria de. **Do Contrato de Conta-Corrente**. São Paulo: Editor Jacinto Ribeiro, 1928. p. 109.

vos efeitos tributários pertinentes, o próximo capítulo buscará fazer uma análise do entendimento da Receita Federal do Brasil sobre os contratos de gestão de conta corrente e como eles se relacionam com os contratos de mútuo e de conta corrente.

3. Entendimento da Receita Federal do Brasil

A adequada identificação do contrato de conta corrente e a sua distinção em relação ao contrato de mútuo deve determinar distintos tratamentos tributários a eles.

Em especial, deve-se verificar se a distinção tem habilidade para afastar, sobre o primeiro dos referidos contratos, as disposições legais que prescrevem a incidência principalmente do Imposto Sobre Operações Financeiras – IOF/Crédito.

Sobre o assunto, a Receita Federal do Brasil já fez o seguinte pronunciamento por meio Ato Declaratório SRF nº 7/1999:

Ato Declaratório SRF nº 7, de 22.1.1999, dispunha no seu item 1:

"1 – No caso de mútuo entre pessoas jurídicas ou entre pessoa jurídica e pessoa física, sem prazo, realizado por meio de conta corrente, o Imposto sobre Operações de Crédito, Câmbio e Seguro, ou relativas a Títulos ou Valores Mobiliários- IOF, devido nos termos do art. 13 da Lei n. 9779, de 19 de janeiro de 1999:

a) incide somente em relação aos recursos entregues ou colocados à disposição do mutuário a partir de 1' de janeiro de 1999;

b) será calculado e cobrado no primeiro dia útil do mês subsequente àquele a que se referir, relativamente a cada valor entregue ou colocado à disposição do mutuário durante o mês, e recolhido até o terceiro dia útil da semana subsequente;

c) os encargos debitados ao mutuário serão computados na base de cálculo do IOF a partir do dia subsequente ao término do período a que se referirem."

A Instrução Normativa RFB nº 907/2009, revogou expressamente o Ato Declaratório acima, e no capítulo do Imposto Sobre Operações Financeiras – IOF/Crédito – sobre mútuos, dispôs o seguinte nos parágrafos do artigo 7º:

> Instrução Normativa RFB nº 907/2009
> "Parágrafo 2° – Nas operações de crédito realizadas por meio de conta corrente sem definição do valor de principal, a base de cálculo será o somatório dos saldos devedores diários, apurado no último dia de cada mês.
> Parágrafo 3° – Nas operações de crédito realizadas por meio de conta corrente em que fique definido o valor do principal, a base de cálculo será o valor de cada principal entregue ou colocado à disposição do mutuário."

A leitura desses dois pronunciamentos fiscais pode ser feita de duas maneiras: (i) uma leitura literal e não crítica, pela qual todo e qualquer lançamento em conta corrente seria sujeito à incidência do Imposto Sobre Operações Financeiras – IOF/Crédito -; ou (ii) uma leitura mais detalhada e atenta, pela qual se pode notar que a incidência preconizada nas duas oportunidades não é sobre qualquer lançamento em conta corrente, mas, sim, apenas sobre os lançamentos que derivem de recursos disponibilizados por uma das partes (o ato declaratório referia-se a operações de mútuo e a instrução normativa a operações de crédito), hipótese em que, dependendo de análise mais detida de cada caso, é possível verificar-se nesse lançamento a anterior existência de um mútuo, ou outra relação jurídica distinta deste.

Neste aspecto, o Ato Declaratório aludia expressamente a mútuos realizados sob a forma de conta corrente e também aludia a mutuário, ou seja, limitando inequivocamente o seu alcance a este tipo jurídico.

Além disso, referia-se a recursos entregues ou colocados à disposição, o que realmente pode ensejar tratar-se de lançamentos contábeis derivados desse tipo de contrato previsto na Lei nº 9779/1999.

Já a Instrução Normativa, apesar de ter alargado a referência ao tipo de contrato, passando a falar em operações de crédito, também se refere a operações de crédito através de conta corrente e a principal entregue ou colocado à disposição do mutuário, vinculando-se, portanto, à mesma espécie contratual aludida na lei.

No âmbito de soluções de consulta encontramos pronunciamentos sobre o assunto, como a Solução de Consulta nº 235/2004, da Superintendência Regional da Receita Federal da 9ª Região:

> Solução de Consulta nº 235/2004
> "Nº 235 – ASSUNTO: Imposto sobre Operações de Crédito, Câmbio e Seguros ou relativas a Títulos ou Valores Mobiliários – IOF
> EMENTA: O mecanismo de conta corrente mantido entre pessoas jurídicas, pelo qual uma disponibiliza à outras recursos financeiros que deverão ser restituídos à primeira ao cabo de prazo determinado ou indeterminado, configura operação de mútuo, sobre ela incidindo o IOF, sendo irrelevante para fins tributários que tal operação esteja prevista em contrato denominado "de gestão de recursos financeiros" que qualifique as obrigações nele fixadas como meras prestações de serviços.
> DISPOSITIVOS LEGAIS: Lei nº 10.833, de 2003, art. 30; R/R/1999, art. 647; IN SRF nº 381, de 2004; IN SRF nº 34, de 1989; ADN SRF nº 9, de 1990; AO/ SRF nº 10, de 2004."

Verifica-se que esse pronunciamento se refere à disponibilização de recursos a serem restituídos, que é situação típica de mútuo, e acrescenta ser irrelevante, para afastar a incidência do Imposto Sobre Operações Financeiras – IOF/Crédito -, que a operação esteja prevista em contrato denominado de "gestão de recursos financeiros" que qualifique as operações como meras prestações de serviços, o que, realmente, pode ocorrer em contratos com títulos jurídicos incompatíveis com a realidade.

Outro caso é a Decisão nº 131/1999, da Superintendência da 7' Região, que tratou do Imposto Sobre Operações Financeiras – IOF/Crédito – sem aludir à conta corrente, mas referindo-se expressamente à situação na qual, durante o transcurso de contrato de prestação de gestão de recursos financeiros entre uma "holding" e suas controladas, aquela coloca recursos à disposição destas para adimplirem suas obrigações.

De se notar que, admitida a melhor interpretação de todos esses pronunciamentos fiscais, não há o que neles censurar, dado que, como exposto, cada lançamento em conta corrente não tem uma existência autônoma, pois deriva de uma outra relação jurídica que ao menos logicamente lhe é precedente.

Ora, essa outra relação jurídica pode perfeitamente ser um mútuo, contratado por escrito ou sem contrato escrito, embora a todo rigor uma importância entregue por força de um mútuo, mas integrada numa relação jurídica de conta corrente (num contrato de conta corrente, não numa simples conta escritura), perca a sua condição original por decorrência das injunções derivadas desta última.

Do mesmo modo, a outra relação jurídica também pode ser um simples mútuo apelidado de prestação de serviço de gestão de recursos, quando haverá uma declaração falsa- simulação definida pelo inciso 11 do parágrafo único do artigo 167 do Código Civil-, além de uma violação da função social do contrato, cuja observância é requerida pelos artigos 122 e 421 da mesma Lei.

Por outro lado, o lançamento em conta corrente pode ser derivado de outra relação jurídica qualquer que não um mútuo, e esta outra pode ser um contrato de conta corrente associado a outros contratos, inclusive o de gestão de caixa único.

Estas possibilidades ficaram ainda mais explícitas na Solução de Divergência COSIT nº 31/2008, que claramente se preocupou em identificar o tipo de operação originadora dos lançamentos em conta corrente. São seus dizeres:

> Solução de Divergência COSIT nº 31/2008
> "ASSUNTO: Imposto sobre Operações de Crédito, Câmbio e Seguros ou relativas a Títulos ou Valores Mobiliários – IOF.
> EMENTA: MÚTUO DE RECURSOS FINANCEIROS POR MEIO DE CONTA CORRENTE. BASE DE CÁLCULO. Nas operações de crédito por meio de conta corrente, para apuração da base de cálculo do IOF é preciso identificar a modalidade da operação contratada: crédito fixo ou rotativo. Nas operações de crédito realizadas por meio de conta corrente sem definição do valor de principal (crédito rotativo), decorrentes de mútuo de recursos financeiros entre pessoas jurídicas, ou entre pessoa jurídica e pessoa física, a base de cálculo será o somatório dos saldos devedores diários, apurado no último dia de cada mês. No caso em que fique definido o valor do principal (crédito fixo), a base de cálculo será o valor de cada principal entregue ou colocado à disposição do mutuário.
> DISPOSITIVOS LEGAIS: Lei nº 9779, de 1999, art. 13; Decreto nº 6306, de 2008, art. 7º, I, 'a' e 'b', parágrafos 12, 13, 14, 15 e 16; Ato Declaratório (AO) SRF n. 7, de 22 de janeiro de 1999."

Nota-se que a COSIT trata de uma situação em que há uma operação de crédito por meio de conta corrente sujeita ao Imposto Sobre Operações Financeiras – IOF/Crédito, mas, ainda que para fim de determinar a respectiva base de cálculo, declara textualmente ser necessário identificar a modalidade de operação contratada.

Portanto, se o mesmo processo identificar que a operação não é de crédito, a conclusão inarredável será pela não incidência do imposto.

Faz-se de extrema relevância avaliar a jurisprudência administrativa sobre o assunto, pelo que o tópico seguinte se debruçará sobre o Conselho Administrativo de Recursos Fiscais – CARF, órgão da Receita Federal do Brasil responsável por julgar recursos voluntário e/ou de ofício, de modo a revisar cobranças de tributos federais.

4. A Jurisprudência do CARF – Conselho Administrativo de Recursos Fiscais – sobre o Tema

A jurisprudência administrativa firmou-se no sentido de que há nítida distinção entre mútuos e contas correntes, exatamente naqueles processos gerados pelos autos de infração cuja interpretação entende que houve a configuração de uma operação de crédito.

Contudo, os julgados proferidos foram corretamente ao âmago da questão, (i) primeiramente não admitindo a equiparação do que juridicamente não é mútuo ao que o seja, ainda que efeitos econômicos sejam semelhantes, e assim desclassificando autos de infração que consideravam todo e qualquer débito em conta corrente de pessoa jurídica ligada como sendo mútuo, e, (ii) além disso, manifestando o entendimento correto de que cada lançamento em conta deve ser analisado isoladamente, pois é possível que algum seja consequente de um contrato de mútuo e outros não, caso em que apenas aquele se submeteria ao artigo 21 do Decreto-lei nº 2065/1983.

Neste sentido, para exemplificar vale citar o acórdão nº 101-80803, de 21.11.1990, da 1ª Câmara do 1º Conselho de Contribuintes, cuja ementa diz:

"IRPJ – Negócios de mútuo. A conta-corrente relativa a operações entre coligadas, interligadas, controladoras e controladas, não é, em si mesma, bastante para caracterizar negócio de mútuo. Há que se investigar a natureza jurídica de cada operação objeto do lançamento, separando aquelas que realmente espelhem mútuo."[14]

Essa ementa é representativa de como aquele Conselho julgou a matéria em inúmeros processos e ao longo de muitos anos.

Por isso, no mesmo sentido podem ser citados mais alguns acórdãos, como os de nº 101-80916, de 11.12.1990, e 101-88312, de 16.5.1995.

Algumas vezes, outros julgados foram até mais extensivos, como o Acórdão nº 101-82011, de 10.9.1991, com a seguinte ementa:

"NEGÓCIOS DE MÚTUO- ART. 21 DO DECRETO-LEI N. 2065183.

A movimentação de recursos entre empresas ligadas, próprias de conta-corrente contábil, não configura negócio de mútuo capaz de fazer incidir o artigo 21 do Decreto-lei n. 2065/83, ou justificar a sua aplicação."[15]

Específico quanto à origem dos valores lançados em conta corrente, mas de maior interesse porque alude a gestão de recursos de empresas coligadas, foi o Acórdão nº 101-77901, de 15.8.1988, no qual se lê:

---

[14] BRASIL. Conselho de Contribuintes. Acórdão nº 101-80803. Secretaria da Receita Federal. Relator: Conselheiro Cristóvão Anchieta de Paiva. Brasília, 21 nov. 1990. Disponível em: <http://carf.fazenda.gov.br>. Acesso em: 18 jun. 2016.
[15] BRASIL. Conselho de Contribuintes. Acórdão nº 101-82011. Secretaria da Receita Federal. Relatora: Conselheira Mariam Seif. Brasília, 10 set. 1991. Disponível em: <http://carf.fazenda.gov.br>. Acesso em: 18 jun. 2016.

"IRPJ- NEGÓCIOS DE MÚTUO — ART. 21 DO DECRETO-LEI N. 2065/83. A CONTA-CORRENTE CONTÁBIL.

A conta-correta contábil relativa a operações entre coligadas, interligadas, controladoras e controladas, não é, em si mesma, bastante para caracterizar 'negócios de mútuo'. Há que investigar a natureza jurídica de cada operação objeto de lançamento na conta-corrente, separando aquelas que, realmente, espelham o mútuo. Ademais, a evidência de que a recorrente era uma espécie de gestora de negócios com outorga das co-irmãs afasta a hipótese do art. 21 do Decreto-lei n. 2065/83."[16]

Proximamente a este último, embora referindo-se à prestação de serviços sem especificá-los, há o Acórdão nº 101-88653, de 22.8.1995. Este alude ao mútuo e à conta corrente como institutos, ou seja, com a dimensão de negócios jurídicos.

Diz a respectiva ementa:

"MOVIMENTAÇÃO EM CONTAS-CORRENTES ENTRE EMPRESAS COLIGADAS –
O art. 21 do Dec.-lei n. 2065/83, apenas abrange os negócios de mútuo, tal como definido no Código Civil, instituto que não se confunde com o de conta-corrente, com prestação de serviços, nem alcança toda e qualquer movimentação financeira que acuse débito ou crédito. Há que se investigar a natureza jurídica de cada operação objeto de lançamento em conta corrente, separando aquelas que, realmente espelham o mútuo."[17]

---

[16] BRASIL. Conselho de Contribuintes. Acórdão nº 101-77901. Secretaria da Receita Federal. Relatora: Conselheira Urgel Pereira Lopes. Brasília, 15 ago. 1988. Disponível em: <**http://carf.fazenda.gov.br**>. Acesso em: 18 jun. 2016.
[17] BRASIL. Conselho de Contribuintes. Acórdão nº 101-88653. Secretaria da Receita Federal. Relator: Conselheiro Francisco de Assis Miranda. Brasília, 22

O Acórdão nº 107-07173, de 11.6.2003, que aludiu expressamente ao contrato de conta corrente, diferentemente de outros casos que giraram em torno da conta corrente meramente contábil, embora sempre no mesmo sentido. É a seguinte a ementa deste acórdão:

> "IRPJ- CORREÇÃO MONETÁRIA – ART. 21 DO DL. 2065183_ CONTA CORRENTE ENTRE EMPRESAS – CARACTERIZAÇAO COMO MÚTUO- IMPROCEDÊNCIA DO LANÇAMENTO –
> O mútuo, a teor do disposto no artigo 1256 do Código Civil, pressupõe o empréstimo de coisas fungíveis, não se caracterizando como tal a figura do contrato de conta corrente, mormente quando originado de operações mercantis."[18]

Adentrando ainda de forma mais específica sobre a incidência do Imposto Sobre Operações Financeiras – IOF/Crédito – nos contratos de conta corrente, é o Acórdão nº 3101-001.094, de 25.04.2012:

> "IOF. RECURSOS DA CONTROLADA EM CONTA DA CONTROLADORA. CONTA CORRENTE. RAZÃO DE SER DA HOLDING.
> Os recursos financeiros das empresas controladas que circulam nas contas da controladora não constituem de forma automática a caracterização de mútuo, pois dentre as atividades da empresa controladora de grupo econômico está a gestão de recursos, por meio de contacorrente, não podendo o Fisco constituir uma rea-

---

ago. 1995. Disponível em: <http://carf.fazenda.gov.br>. Acesso em: 18 jun. 2016.

[18] BRASIL. Conselho de Contribuintes. Acórdão nº 107-07173. Secretaria da Receita Federal. Relator: Conselheiro Natanael Martins. Brasília, 11 jun. 2003. Disponível em: <http://carf.fazenda.gov.br>. Acesso em: 18 jun. 2016.

lidade que a lei expressamente não preveja. Recurso Voluntário Provido Vistos, relatados e discutidos os presentes autos."[19]

Com um desfecho oposto, mister chamar a atenção para o recente julgado proferido no Acórdão nº 3102-002.318, de 06.01.2015, o qual vale colacionar a ementa:

> "OPERAÇÃO DE MÚTUO DE RECUROS FINANCEIROS. EXISTÊNCIA DE REGISTROS CONTÁBEIS QUE IMPORTEM ENTREGA DE RECURSOS A DISPOSIÇÃO DE TERCEIROS. CONFIGURAÇÃO.
> Para fim de incidência do IOF, caracteriza-se operação de mútuo de recursos financeiros a operação de crédito representada pelo registro ou lançamento contábil que, pela sua natureza, importe colocação ou entrega de recursos financeiros à disposição de terceiros, independentemente de ser pessoa ligada ou não.
> IOF. MÚTUO ENTRE PESSOAS JURÍDICAS DO MESMO GRUPO ECONÔMICO. INEXISTÊNCIA DE CONTRATO FORMAL. POSSIBILIDADE. É devida a cobrança do IOF sobre as operações de mútuo de recursos financeiros realizadas entre pessoas jurídicas não financeiras integrantes do mesmo grupo econômico, ainda que não exista contrato que ampare tal operação, desde que os registros ou lançamentos contábeis, pela sua natureza, importem colocação ou entrega de recursos financeiros à disposição de terceiros."[20]

---

[19] BRASIL. Conselho de Contribuintes. Acórdão nº 3101-001.094. Secretaria da Receita Federal. Relator: Conselheiro Corintho Oliveira Machado. Brasília, 11 jun. 2003. Disponível em: <**http://carf.fazenda.gov.br**>. Acesso em: 25 abr. 2012.

[20] BRASIL. Conselho de Contribuintes. Acórdão nº 3102-002.318. Secretaria da Receita Federal. Relator: Conselheiro Jose Fernandes do Nascimento. Brasília, 06 jan. 2015. Disponível em: <**http://carf.fazenda.gov.br**>. Acesso em: 25 abr. 2012.

Vale reproduzir a análise elaborada pelo respeitado Advogado Marcos Neder sobre o julgado supra:

"(...) No presente caso, o relator, à princípio, concorda que as operações de conta-corrente, obviamente, não constituem hipótese de incidência do IOF, por não representarem mútuo de recursos financeiros, mas mera administração de contas a pagar e a receber.

No entanto, ressalta que, para isto, a escrituração das citadas "contas correntes" deve obedecer aos critérios e métodos da escrituração contábil, fixado na referida legislação, ou ser feita em registros auxiliares, sem qualquer modificação na escrituração fiscal realizada em conformidade com a legislação.

Desta forma, a simples apresentação do citado instrumento contratual, desacompanhada de prova hábil e idônea de que houve as transferências e gestão dos referidos instrumentos financeiros, não é suficiente para comprovar que houveram as alegadas transações de conta corrente e de gestão de caixa único.

Ou seja, sem a prova da transferência dos referidos recursos financeiros para o "caixa único", não tem subsistência a alegação do contribuinte de que não financiava empresas ligadas, com os recursos financeiros próprios, pois, se não há provas de que tais recursos foram transferidos para o citado "caixa único" pelas empresas ligadas, certamente, os recursos repassados para as citadas empresas foram provenientes do caixa da própria recorrente. Observe-se que a decisão se baseou somente na falta de documentação que comprove a transferência de recursos financeiros pelas empresas ligadas."[21]

---

[21] Gestão do caixa único entre pessoas jurídicas do mesmo grupo econômico. Disponível em: <http://jota.uol.com.br/gestao-do-caixa-unico-entre-pessoas-juridicas-do-mesmo-grupo-economico>. Acesso em 21 jun. 2016.

De forma a concluir o estudo sobre a incerta jurisprudência do CARF – Conselho Administrativo de Recursos Fiscais –, é bastante válido para sumarizar de forma bastante objetiva as elucidações anteriormente expostas, frisar o voto da Conselheira Relatora Thais de Laurentiis Galkowicz, no julgamento do Acórdão nº 3402003.018, de 26.04.2016:

"(...) Pois bem. Diante dos supratranscritos mandamentos legais, a Recorrente afirma que os registros contábeis que levaram ao lançamento tributário são decorrentes de contratos de conta corrente, e não de mútuo, cujo objeto é a escrituração de prestações mútuas, quitadas periodicamente pela apuração de haveres.

Assim, ao tributar tais valores pelo IOF, que fora do mercado financeiro só incide sobre os contratos de mútuo, a Fiscalização estaria infringindo o princípio da legalidade, bem como indo na contramão dos artigos 108 e 110 do CTN.

A diferenciação entre contrato de mútuo e contrato de conta corrente de fato existe e é imprescindível para a aferição da legalidade das autuações fiscais para cobrança de IOF como a presente, tendo em vista os mandamentos dos artigos 109 e 110 do Código Tributário Nacional.

Tal distinção deve ser precisamente aplicada ao caso concreto, demonstrando-se que as transações entre empresas relacionadas se subsomem a uma ou outra hipótese.

No presente caso, contudo, não havendo contrato firmado entre as empresas relacionadas, a análise da natureza jurídica das transações restringe-se aos livros contábeis e informações prestadas pelo contribuinte.

A rigor, portanto, a questão do presente processo encontrase atrelada somente à conta corrente contábil da empresa Recorrente, e não à conta corrente contratual, uma vez que nenhum instrumento particular foi firmado entre as partes do grupo econômico para disciplinar os negócios jurídicos sob apreço.

(...) Disto percebese que o problema a ser enfrentado não se esgota na discussão de existir ou não um contrato de conta corrente – com as características que lhe são particulares, tão bem desenvolvidas pela doutrina jurídica – entre a Recorrente e as demais empresas do grupo econômico.

Quanto à impossibilidade de o IOF incidir indiscriminadamente sobre toda e qualquer transação abrigada pelo contrato de conta corrente, não há dúvida. A questão palpitante é isto sim, o fato de a conta corrente ser utilizada para a concretização de empréstimos entre as empresas (pela abertura de crédito, por exemplo), o famigerado mútuo.

Sobre a qualificação do mútuo, ressalto que o prazo pode ser livremente estipulado pelas partes, e que, como se trata de grupo empresarial, não há necessidade de estabelecimento de juros sobre os valores emprestados (artigos 591 e 592 do Código Civil)."[22]

Conclusão

Dentro da perspectiva apresentada quanto à elevada carga tributária no Brasil, bem como o absurdo custo pertinente ao cumprimento e compliance da legislação fiscal no país, é indiscutível a importância de um planejamento e de uma eficiente gestão tributária, seja pela sobrevivência da Empresa, seja para obter vantagem competitiva em relação aos concorrentes.

Logo, a estrutura de centralizar os excessos de caixa em uma Empresa do Grupo Econômico, o que se denomina como sendo gestão de caixa único, sob o manto de uma relação contratual de administração de conta corrente, ganha cada vez mais relevância, haja vista permitir alcançar os objetivos do parágrafo anterior.

---

[22] BRASIL. Conselho de Contribuintes. Acórdão nº 3402003.018. Secretaria da Receita Federal. Relatora: Conselheira Thais de Laurentiis Galkowicz. Brasília, 26 abr. 2016. Disponível em: <http://carf.fazenda.gov.br>. Acesso em: 25 abr. 2012.

Diante deste panorama, o debate sobre o tema ganhou relevância a partir da inovação introduzida pelo artigo 13 da Lei nº 9.779/1999 que autorizou a possibilidade de incidência do Imposto Sobre Operações Financeiras – IOF/Crédito – nas operações realizadas entre pessoas jurídicas.

Frise-se que o dispositivo legal supra foi expresso ao atestar que nas relações entre Empresas o imposto federal tem incidência sobre os mútuos financeiros, uma espécie de operação de crédito, dentre as quais também integram, por exemplo, os financiamentos e consórcios.

Se quisesse o legislador ordinário ter atingido toda e qualquer operação de crédito, teria o feito de forma expressa.

Esta construção interpretativa encontra amparo legal no inciso I do artigo 150 da Constituição Federal e no inciso I do artigo 91 do Código Tributário Nacional, que demandam a observância da legalidade.

Ademais, cumpre ressaltar o parágrafo primeiro do artigo 108 do Código Tributário Nacional que veda a exigência de tributo não previsto em lei pelo emprego da analogia, não havendo que se falar na cobrança do Imposto Sobre Operações Financeiras – IOF/Crédito – sobre qualquer operação que não corresponda ao mútuo de recursos financeiros propriamente dito.

O artigo 110 do Código Tributário Nacional ratifica esta posição ao tornar defeso à legislação fiscal modificar conceitos de direito privado, sendo, portanto, vedado às autoridades fazendárias equipararem os contratos de gestão de conta corrente dos contratos de mútuo.

Conforme exaustivamente demonstrado, ambas as espécies contratuais apresentam diferenças significativas, que são resumidas a seguir.

Enquanto os contratos de mútuo financeiro ocorrem por meio de operação de crédito única, envolvem direito e obrigações unidirecionais, as partes credora e devedora são bem definidas, bem assim não há possibilidade de alternância nestes polos.

Os contratos de conta corrente, por seu turno, ocorrem por meio de lançamentos de crédito e débito sucessivos e reiterados, envolvem obrigações multidirecionais ou recíprocos, as posições de credor e devedor são indefinidas, e, por fim, a alternância de polos é provável.

Em que pese a diferenciação da natureza dos negócios jurídicos (contratos de conta corrente e contratos de mútuo), as autoridades fazendárias, mais especificamente a Receita Federal do Brasil, mesmo não tendo uma posição consolidada, vem atribuindo efeitos tributários que vem sendo objeto de questionamentos no Conselho Administrativo de Recurso Fiscais – CARF.

Logo, apesar de a jurisprudência administrativa não ter uma posição consolidada, podemos entender que ela vem se direcionando no sentido de convergir com a melhor doutrina sobre o assunto.

Portanto, resta claro que as operações de conta corrente devem obedecer a critérios e métodos de contabilização bem definidos, de modo que ocorra a efetiva transferência dos recursos monetários para o caixa centralizador, não devendo a gestora da conta corrente financiar com recursos próprios as Empresas relacionadas.

Referências

AMARO, Luciano. **Direito Tributário Brasileiro**. São Paulo: Editora Saraiva, 2013.

ANDRADE, Fabio Martins de. **Artigos Jurídicos em Escritos Jornalísticos**. São Paulo: Editora Alameda, 2016.

ASSAF NETO, Alexandre e LIMA, Fabiano Guasti. **Fundamentos de Administração Financeira**. São Paulo: Atlas, 2014.

Boletim do Tesouro Nacional. Março/2016. Disponível em: <http://www.tesouro.fazenda.gov.br/documents/10180/246449/Nimmar2016.pdf/cc8719ff-3c58-4073-b74d-b1095897e61d>. Acesso em 05 jun. 2016.

BORBA, José Edwaldo Tavares. **Direito Societário**. Rio de Janeiro: Editora Renovar, 2010.
CABRAL, Antonio da Silva. **Negócios de Mútuo Entre Empresas do Mesmo Grupo: Direito Tributário Atual**. São Paulo: Editora Resenha Tributária, 1990.
CAIS, Cleide Previtalli. **O Processo Tributário**. São Paulo: Editora Revista dos Tribunais, 2004.
CARRAZZA, Roque Antônio. **Curso de Direito Constitucional Tributário**. São Paulo: Editora Malheiros, 2004.
CARVALHO, Paulo de Barros. **Curso de direito tributário**. São Paulo: Saraiva, 2014.
Cobranças a Granel. Disponível em: <http://www.conjur.com.br/2015--jun-14/entrevista-luiz-gustavo-bichara-advogado-tributarista> Acesso em 05 de jun. 2016.
COÊLHO, Sacha Calmon Navarro. **Comentários à Constituição de 1998. Sistema Tributário**. Rio de Janeiro: Editora Forense, 2005.
CONTI, José Maurício. **Sistema Constitucional Tributário interpretado pelos Tribunais**. São Paulo: Editora Oliveira Mendes, 1997.
FIPECAFI, **Manual de Contabilidade das Sociedades Empresariais**. São Paulo: Editora Atlas, 2010.
Gestão do caixa único entre pessoas jurídicas do mesmo grupo econômico. Disponível em: <http://jota.uol.com.br/gestao-do-caixa-unico-entre--pessoas-juridicas-do-mesmo-grupo-economico>. Acesso em 21 jun. 2016.
Grupo Tax Justice Network. Disponível em: <http://www.conjur.com.br/2016-mai-26/allan-nunes-integracao-global-tambem-afeta-planejamento-tributario>. Acesso em 05 de jun. 2016.
Instituto Brasileiro de Planejamento e Tributação. Disponível em: <http://www.ibpt.com.br/noticia/2171/Pelo-5o-ano-seguido-Brasil-arrecada--muito-mas-nao-da-retorno>. Acesso em 07 de jun. 2016.
Instituto Brasileiro de Planejamento e Tributação. Disponível em: <https://www.ibpt.com.br/noticia/2272/Mais-de-700-normas-sao-editadas-Diariamente-no-Brasil-desde-a-constituicao-de-88> Acesso em 05 de jun. 2016.
Instituto Brasileiro de Planejamento e Tributação. Disponível em: <https://www.ibpt.com.br/noticia/1951/Brasil-cria-em-media-46-novas-regras--de-tributos-a-cada-dia-util>. Acesso em 07 de jun. 2016.
LACERDA, Paulo Maria de. **Do Contrato de Conta-Corrente**. São Paulo: Editor Jacinto Ribeiro, 1928.

MACHADO, Hugo de Brito. **Comentários ao Código Tributário Nacional**. São Paulo: Editora Atlas, 2004.

MELO, José Eduardo Soares de. **Curso de Direito Tributário**. São Paulo: Editora Dialética, 2001.

MORAES, Alexandre de. **Direito Constitucional**. São Paulo: Editora Atlas, 2002.

MOSQUEIRA, Roberto Quiroga. **Tributação no Mercado Financeiro e de Capitais**. São Paulo: Editora Dialética, 1999.

NADER, Paulo. **Curso de Direito Civil – Obrigações**. Rio de Janeiro: Editora Forense, 2014.

NADER, Paulo. **Curso de Direito Civil – Contratos**. Rio de Janeiro: Editora Forense, 2014.

NAZAR, Nelson. **Direito Econômico**. Bauru: EDIPRO, 2009.

NEVES, Silvério das e Viceconti, E. V. Paulo. **Contabilidade societária**. São Paulo: Editora Saraiva, 2005.

PAULSEN, Leandro. **Direito Tributário. Constituição e Código Tributário à Luz da Doutrina e da Jurisprudência**. Porto Alegre: Editora Livraria do Advogado, 2004.

Paying Taxes 2016. Disponível em: <http://www.pwc.com/gx/en/services/tax/paying-taxes-2016/overall-ranking-and-data-tables.html>. Acesso em 05 jun. 2016.

RIBEIRO, Ricardo Lodi. **Tributos – Teoria Geral e Espécies**. Rio de Janeiro: Editora Impetus, 2013.

SABBAG, Eduardo de Moraes. **Elementos do Direito. Direito Tributário**. São Paulo: Editora Premier Máxima, 2006.

SILVA, De Plácido e. **Vocabulário jurídico**. Rio de Janeiro: Editora Forense, 1996.

TORRES, Ricardo Lobo. **Curso de Direito Financeiro e Tributário**. São Paulo: Editora Renovar, 2013.

TORRES, Ricardo Lobo. **Tratado de Direito Constitucional Financeiro e Tributário**. São Paulo: Editora Renovar, 2005.

VENOSA, Silvio de Salvo. **Contratos em Espécie**. São Paulo: Editora Abril, 2016.

VENOSA, Silvio de Salvo. **Teoria Geral das Obrigações e Teoria Geral dos Contratos**. São Paulo: Editora Abril, 2016.

Os Benefícios Fiscais Incidentes na Remessa de Mercadorias para a Zona Franca de Manaus: Efeitos da Ação Direta de Inconstitucionalidade nº 310

ISABELA GARCIA FUNARO

Introdução

A Ação Direta de Inconstitucionalidade nº 310 foi ajuizada, em 20 de junho de 1990, pelo Governador do Amazonas, para questionar a validade, perante a Constituição Federal de 1988, dos Convênios nº 01, 02 e 06, de 30 de maio de 1990, firmados na 59ª reunião do Conselho de Política Fazendária (COFAZ), na qual participaram os Secretários da Fazenda ou Finanças dos Estados e do Distrito Federal.

Os Convênios nº 01 e 02 de 1990 tiveram por fim a exclusão e a revogação do benefício da isenção das remessas de produtos de origem nacional à Zona Franca de Manaus, previsto na cláusula primeira do Convênio ICM nº 65 de 09 de dezembro de 1988, em relação ao "açúcar da cana" e aos *"produtos semi--elaborados previstos na lista anexa ao Convênio ICM 07/89"*, respectivamente. Já o Convênio nº 06/90, o qual será o cerne do presente trabalho, revogou o benefício concedido pela cláusula terceira do Convênio ICM nº 65/88, que permite a manutenção dos créditos apurados na entrada de matéria prima e produtos intermediários utilizados na industrialização e embalagem de produtos destinados à Zona Franca de Manaus.

Segundo o Governador do Estado do Amazonas, os referidos convênios contrariariam o artigo 4º, do Decreto-Lei nº 288, de 28 de fevereiro de 1967, o artigo 5º da Lei Complementar nº 04, de 02 de dezembro de 1969, o artigo 15 da Lei Complementar nº 24, de 07 de janeiro de 1975, bem como o artigo 40 do Ato das Disposições Constitucionais Transitórias, os quais garantiriam às remessas de mercadorias à Zona Franca de Manaus os mesmo benefícios fiscais concedidos às operações de exportação no âmbito do ICMS, quais sejam, a não incidência do imposto e a manutenção dos créditos apurados em relação às operações de circulação anteriores.

Tendo sido a Ação Direta de Inconstitucionalidade ajuizada com requerimento de medida cautelar, o Supremo Tribunal Federal concedeu a cautela para suspender os efeitos dos referidos Convênios e, após quase 24 (vinte e quatro) anos de espera, concluiu o julgamento, decidindo pela inconstitucionalidade dos referidos atos. A ementa e o dispositivo do acórdão foram consubstanciados nos seguintes termos:

EMENTA: AÇÃO DIRETA DE INCONSTITUCIONALI-DADE. CONVÊNIOS SOBRE ICMS NS. 01, 02 E 06 DE 1990: REVOGAÇÃO DE BENEFÍCIOS FISCAIS INSTITUÍDOS ANTES DO ADVENTO DA ORDEM CONSTITUCIONAL DE 1998, ENVOLVENDO BENS DESTINADOS À ZONA FRANCA DE MANAUS.

1. Não se há cogitar de inconstitucionalidade indireta, por violação de normas interpostas, na espécie vertente: a questão está na definição do alcance do art. 40 do Ato das Disposições Constitucionais Transitórias, a saber, se esta norma de vigência temporária teria permitido a recepção do elenco pré-constitucional de incentivos à Zona Franca de Manaus, ainda que incompatíveis com o sistema constitucional do ICMS instituído desde 1988, no qual se insere a competência das unidades federativas para,

mediante convênio, dispor sobre isenção e incentivos fiscais do novo tributo (art. 155, § 2º, inciso XII, letra 'g', da Constituição da República).

2. O quadro normativo pré-constitucional de incentivo fiscal à Zona Franca de Manaus constitucionalizou-se pelo art. 40 do Ato das Disposições Constitucionais Transitórias, adquirindo, por força dessa regra transitória, natureza de imunidade tributária, persistindo vigente a equiparação procedida pelo art. 4º do Decreto Lei n. 288/1967, cujo propósito foi atrair a não incidência do imposto sobre circulação de mercadorias estipulada no art. 23, inc. II, § 7º, da Carta pretérita, desonerando, assim, a saída de mercadorias do território nacional para consumo ou industrialização na Zona Franca de Manaus.

3. A determinação expressa de manutenção do conjunto de incentivos fiscais referentes à Zona Franca de Manaus, extraídos, obviamente, da legislação pré-constitucional, exige a não incidência do ICMS sobre as operações de saída de mercadorias para aquela área de livre comércio, sob pena de se proceder a uma redução do quadro fiscal expressamente mantido por dispositivo constitucional específico e transitório.

4. Ação direta de inconstitucionalidade julgada procedente.

ACÓRDÃO

Visto, relatados e discutidos estes autos, acordam os Ministros do Supremo tribunal Federal, em Sessão Plenária, sob a Presidência do Ministro Joaquim Barbosa, na conformidade da ata de julgamento e das notas taquigráficas, por unanimidade e nos termos do voto da Relatora, rejeitou a preliminar suscitada pelo Advogado-Geral da União. No mérito, confirmou a cautelar concedida e julgou procedente a ação direta para declarar a inconstitucionalidade dos Convênios ICMS nºs 1, 2 e 6, todos de 30 de maio de 1990, do Conselho Nacional de Política Fazendária CON-

FAZ. Votou o Presidente. Ausente, neste julgamento, o Ministro Marco Aurélio. Falou pelo requerente o Dr. Carlos Alberto Ramos Filho, Procurador do Estado.

Ao julgar a inconstitucionalidade dos Convênios nº 01, 02 e 06 de 1990 a Ministra Relatora Carmén Lúcia, cujo voto foi acompanhado pelos demais Ministros do Supremo Tribunal Federal, deixou clara a imprescindibilidade de fixar determinados conceitos no que tange a natureza jurídica dos benefícios fiscais concedidos à Zona Franca de Manaus após a promulgação da Constituição Federal de 1988, bem como a extensão desses benefícios.

Dentre estes conceitos, merece evidência aquele mencionado na ementa do referido acórdão, qual seja: a recepção dos benefícios concedidos à Zona Franca de Manaus pelo artigo 4º do Decreto-Lei nº 288 de 1967 como norma de estatura constitucional e, portanto, não passível de restrição por convênios.

Transitado em julgado o acórdão da Ação Direta de Inconstitucionalidade nº 310 em 17 de setembro de 2014, medida de controle concentrado de constitucionalidade das normas do sistema jurídico brasileiro, a decisão do Tribunal Supremo passou a ter eficácia *erga omnes* e efeitos *ex tunc*, ou seja, aplica-se a toda e qualquer esfera jurídica e cancela os efeitos dos atos inconstitucionais desde o momento de sua publicação.

Com efeito, as Fazendas Estaduais, ao desconsiderar os mandamentos do Convênio nº 6 de 1990, passaram a aplicar, de forma literal e restritiva, os dizeres da cláusula 3ª do Convênio nº 65 de 1988, a qual estabelece que:

> **Cláusula terceira.** Fica assegurado ao estabelecimento industrial que promover a saída mencionada na **cláusula primeira** a manutenção dos créditos relativos às matérias primas, materiais

secundários e materiais de embalagens utilizados na produção dos bens objeto daquela isenção.

Segundo a interpretação fazendária, mesmo após retomar a aplicação do benefício concedido pela referida cláusula, constatar-se-ia que este não poderia ser aplicado a toda e qualquer remessa de mercadorias à Zona Franca de Manaus, na medida em que haveria a restrição dos benefícios à entrada de matérias-primas, materiais secundários e de embalagem adquiridos por estabelecimentos industriais.

Em outras palavras, o entendimento dos fiscais estaduais vem sendo no sentido de não reconhecer o benefício da manutenção do crédito em relação às operações de saída de mercadoria destinadas à Zona Franca de Manaus realizadas por estabelecimentos atacadistas, ante a restrição prevista em Convênio.

No entanto, esta interpretação vai de encontro aos conceitos construídos pela Ministra Carmén Lúcia ao declarar a inconstitucionalidade do Convênio nº 6 de 1990, principalmente no que tange a natureza e extensão dos benefícios assegurados à Zona Franca de Manaus, ressaltados na própria ementa.

Isso significa dizer que as Fazendas Estaduais, ao aplicar a decisão plenária do Supremo Tribunal Federal, vem se limitando a adotar a parte dispositiva do referido acórdão, qual seja, o trecho que julga *"procedente a ação direta para declarar a inconstitucionalidade dos Convênios ICMS nºs 1, 2 e 6, todos de 30 de maio de 1990, do Conselho Nacional de Política Fazendária CONFAZ"*, desconsiderando os preceitos definidos em julgamento.

E o fazem com base no inciso I do artigo 469 do Código de Processo Civil (Lei nº 5.869, de 11 de janeiro de 1973 a alterações posteriores), o qual estabelece que os motivos da decisão não fazem coisa julgada, ainda que importantes para determinar o alcance da parte dispositiva da sentença. Eis a transcrição do mencionado dispositivo:

Art. 469. Não fazem coisa julgada:
I - os motivos, ainda que importantes para determinar o alcance da parte dispositiva da sentença;

Nesse contexto, surge a seguinte indagação: até que ponto as definições estabelecidas pelo Supremo Tribunal Federal a respeito da extensão e interpretação dos dispositivos constitucionais, quando da execução da competência de controle concentrado de constitucionalidade das normas, podem ser desconsideradas pelos entes tributantes sob o escudo do disposto no artigo 469, inciso I, do Código de Processo Civil?

A desvinculação a esses conceitos não tornaria inútil a Ação de Direta de Inconstitucionalidade das normas? Não se estaria atentando contra o princípio da segurança jurídica, que constitui um dos pilares da Constituição Federal Brasileira?

São essas questões que se pretende responder no decorrer do presente trabalho. Para tanto, aprofundaremos na análise da Zona Franca de Manaus, a sua razão de existir e a evolução legislativa dos incentivos fiscais aplicáveis a região, principalmente após a promulgação da Constituição Federal de 1988.

Após, analisaremos a problemática da questão resolvida pela Ação Direta de Inconstitucionalidade nº 310 e quais foram os conceitos firmados pelo STF no referido julgamento, bem como se eles teriam ou não efeito vinculativo.

1. A Zona Franca de Manaus
1.1. Breve Histórico
A Zona Franca de Manaus tem origem na ideia do Deputado Federal Francisco Pereira da Silva de criar um Porto Franco na Cidade de Manaus como forma de dar efetividade ao Plano de Valorização Econômica da Amazônia de que tratava o artigo 199 pela então Constituição Federal de 1946, segundo o qual

a União, bem como os Estados e os Municípios localizados na região norte do país, tinham a obrigação de aplicar, por pelo menos vinte anos consecutivos, quantia não inferior a três por cento de sua renda tributária.

Para execução do Plano de Valorização Econômica da Amazônia, inicialmente, foi criado o Departamento Nacional da Amazônia, por meio do Projeto de Lei nº 33, de 1946, apresentado pelo próprio Deputado Federal Francisco Pereira da Silva. O referido departamento era integrado por uma Divisão Técnica constituída por representantes do Ministério da Viação e Obras Públicas, do Ministério da Agricultura, do Ministério da Educação e Saúde, do Ministério do Trabalho, Indústria e Comércio e tinha por fim a centralização, unificação e superintendência da execução do Plano de Valorização Econômica da Amazônia, conforme dispunha os artigos 1º e 2º do mencionado Projeto de Lei.

No entanto, o mencionado Plano só veio a ser efetivamente implementado por Getúlio Vargas, quando este tomou posse do cargo de Presidente da República pela segunda vez em 1950. Nessa época, houve a convocação de Conferência Técnico Administrativa que tinha por fim a discussão sobre as ideias e formas para implementação e fomento do desenvolvimento econômico da Amazônia. E, nesse mesmo ano, o Deputado Federal Francisco Pereira da Silva, já no último ano do seu mandato, apresentou o projeto do Porto Franco de Manaus, no qual não haveria barreira alfandegárias, permitindo-se o livre comércio de importação e exportação de mercadorias.

Após dois anos de estudo, foi elaborado Projeto de Lei posteriormente convertido na Lei Federal nº 1.806, de 06 de janeiro de 1956, o qual delimitou e regulamentou o Plano de Valorização Econômica da Amazônia, cuja definição localiza-se no artigo 1º da mencionada Lei:

"Art. 1º O Plano de Valorização Econômica da Amazônia, previsto no Art. 199 da Constituição, constitui um sistema de medidas, serviços, empreendimentos e obras, destinados a incrementar o desenvolvimento da produção extrativa e agrícola pecuária, mineral, industrial e o das relações de troca, no sentido de melhores padrões de vida e bem estar econômico das populações da região de expansão da riqueza do País."

Como se vê, o Plano de Valorização Econômica da Amazônia tinha por objetivo a implementação de ações que permitissem o desenvolvimento dos setores primário, secundário e terciário a economia amazonense, isto é, incentivar o desenvolvimento independente da região.

Nesse interim, o projeto do Porto Franco ficou suspenso e só veio a ser retomado em 1955, com o retorno de Francisco Pereira da Silva à Câmara dos Deputados. Com efeito, o Projeto de Lei foi distribuído à Comissão de Constituição e Justiça, Comunicações e Obras Públicas e Finanças, na qual o seu Relator, o engenheiro Maurício Jopper, propôs que fosse realizada uma emenda no Projeto para que, ao invés de ser instituído um Porto Franco, fosse instituída uma Zona Franca de Manaus, ampliando-se a área de livre comércio de importação e exportação de mercadorias e dando mais efetividade à finalidade do Projeto, qual seja, o desenvolvimento econômico da Amazônia, o que foi aceito pelo Deputado Francisco Pereira da Silva.

Após as emendas, o Projeto de Lei foi aprovado por unanimidade tanto na Câmara dos Deputados, quanto pelo Senado, sendo convertido na Lei nº 3.173, de 06 de junho de 1957, a qual foi sancionada pelo Presidente da República, criando-se, assim, a Zona Franca de Manaus.

A Zona Franca de Manaus, em sua roupagem original, era uma área de terras não inferior a 200 hectares (2 km^2), destinada ao "armazenamento ou depósito, guarda, conservação, beneficiamento e retirada de mercadorias, artigos e produtos de qualquer natureza provenientes do estrangeiro" e que fossem utilizados para o consumo interno da Amazônia ou de países fronteiriços com o Brasil ou nos quais percorresse o rio Amazonas, conforme estabelecia os artigos 1º e 2º da Lei nº 3.173, de 06 de junho de 1957.

Dez anos depois, já sob a égide do Governo Militar, a concepção da Zona Franca de Manaus veio a ser reformulada por meio do Decreto-Lei nº 288, de 28 de fevereiro de 1967, editado pelo então Presidente Castelo Branco, que constitui o atual modelo de desenvolvimento da Amazônia.

A Zona Franca de Manaus passou de uma área de 200 hectares (2 km²) para uma área de 10 km², que antes estava limitada ao Porto de Manaus, passou a abranger a própria cidade de Manaus, região central, e seus arredores. Sua razão de existir também passou a ser clara quando delimitada pelo artigo 1º do Decreto-Lei nº 288, de 28 de fevereiro de 1967, segundo o qual:

> "Art. 1º A Zona Franca de Manaus é uma área de livre comércio de importação e exportação e de incentivos fiscais especiais, estabelecida com a finalidade de criar no interior da Amazônia um centro industrial, comercial e agropecuário, dotado de condições econômicas que permitam o seu desenvolvimento, em face dos fatores locais e de grande distância, a que se encontram, os centros consumidores e os seus produtos".

Portanto, verifica-se que a Zona Franca de Manaus, em sua concepção atual, constitui uma área de livre circulação de mercadorias e produtos importados e para exportação e de tratamento fiscal diferenciado, de forma a dirimir fatores locais de longa distância dos grandes centros consumidores do país, com o intuito de construir um cenário econômico que permita constituir na região um polo industrial, comercial e agropecuário.

Em outras palavras, como a localização e outros fatores geográficos da região Amazônica atrapalham o seu desenvolvimento econômico, posto que tornam os custos de mercadorias e produtos mais caros e menos competitivos em relação àqueles oriundos das demais regiões, que estão próximas dos centros de consumidores do país, criou-se um ambiente de incentivos, por meio de subsídios e benefícios fiscais para equilibrar esta desvantagem regional, permitindo que se criasse, também na Amazônia, um polo produtivo e comercial tão competitivo quanto àqueles localizados nas demais regiões do país, propiciando, assim, o desenvolvimento econômico pretendido pelo Plano de Valorização Econômica da Amazônia.

1.2. O Tratamento Tributário dado à Zona Franca de Manaus

Como visto acima, buscando diminuir a distância em que se encontra a região da Zona Franca de Manaus, dos polos consumidores do país, foram criadas sistemáticas de benefícios fiscais nessa área.

No primeiro modelo criado por meio da Lei nº 3.173, de 06 de junho de 1957, a questão relativa ao tratamento tributário das mercadorias que circulassem pela Zona Franca de Manaus era tratada de forma muito sucinta nos artigos 5º e 8º da Lei nº 3.173, de 06 de junho de 1957, os quais determinavam que as mercadorias de procedência estrangeira que desembarcassem diretamente na Zona Franca de Manaus e nela permanecessem, ainda que para depósito ou beneficiamento, estariam isentas dos impostos federais, estaduais, municipais. No entanto, se tais mercadorias fossem incorporadas à circulação nacional, os impostos passariam a ser devidos.

Com a alteração do modelo realizada pelo Decreto-Lei nº 288, de 28 de fevereiro de 1967, as regras dos benefícios fiscais aplicáveis à Zona Franca de Manaus passaram a ser mais claras e detalhadas, ficando especificado o tratamento tributário a ser dado em cada tipo de operação de circulação de mercadorias e produtos realizada na Zona Franca de Manaus, ou seja, na importação e exportação de produtos do e para o exterior, na aquisição e na venda de produtos do e para o mercado brasileiro.

No caso de importação de mercadorias do exterior para a Zona Franca de Manaus para consumo interno, industrialização, operação de serviços de qualquer natureza ou estocagem para exportação, ou seja, bens que permanecerão na Zona Franca ou que serão destinados a nova exportação para o estrangeiro, o artigo 3º do Decreto Lei nº 288, de 28 de fevereiro de 1967 estabeleceu que tais operações de importação estão isentas do Imposto sobre a Importação e do Imposto sobre os Produtos Industrializados.

Por outro lado, se estas mercadorias vierem a sair da Zona Franca de Manaus para qualquer ponto do Território Nacional, nos termos do artigo 6º do mencionado Decreto-Lei, serão exigíveis todos os impostos incidentes numa operação de importação do exterior, salvo se concedida isenção por legislação específica. No caso de mercadorias estrangeiras utilizadas como matéria-prima, produtos intermediários, materiais secundários e de embalagem, o artigo 7º impõe o pagamento do Imposto sobre a Importação, mas com redução de sua alíquota de acordo com a proporção de produtos estrangeiros utilizados como insumo do produto vendido ao mercado nacional, ressalvados dessa regra apenas os bens de informática e os veículos automóveis, tratores e outros veículo terrestres, bem como suas partes e peças, que não estejam enquadrados nas posições 8711 e 8714 da Tarifa Aduaneira do Brasil (TAB).

Em relação às operações de exportação de mercadorias da Zona Franca de Manaus para o estrangeiro, as mesmas foram isentas do imposto sobre a exportação, nos termos do artigo 5º do Decreto-Lei nº 288, de 28 de fevereiro de 1967.

Por fim, nos casos de aquisições de mercadorias de origem nacional para consumo ou industrialização na Zona Franca de Manaus, ou para posterior exportação ao estrangeiro, o artigo 4º do Decreto-Lei nº 288, de 28 de fevereiro de 1967, estabelece que essas operações são equiparadas às operações de exportação de mercadorias do país para o estrangeiro. Inclusive, é curioso notar que o mencionado artigo 4º, ao tratar da aquisição de bens de origem nacional, utiliza a expressão "exportação de mercadorias de origem nacional para consumo ou industrialização na Zona Franca de Manaus". Confira-se:

> Art. 4º A exportação de mercadorias de origem nacional para consumo ou industrialização na Zona Franca de Manaus, ou reexportação para o estrangeiro, será para todos os efeitos fiscais, constantes da legislação em vigor, equivalente a uma exportação brasileira ao estrangeiro.

Ou seja, para beneficiar fiscalmente os produtores e comerciantes situados na Zona Franca de Manaus, o mencionado decreto equiparou a remessa de produtos a esta região às operações de exportação. O que significa dizer que todos os benefícios outorgados às operações de exportação deveriam ser automaticamente transferidos às remessas à Zona Franca de Manaus.

No mais, se todos os dispositivos que tratam do tratamento tributário a ser dado nas operações realizadas no contexto da Zona Franca de Manaus forem interpretados de forma sistemática, verificar-se-á que, não obstante tratar-se de território brasileiro, o Decreto-Lei nº 288, de 28 de fevereiro de 1967 trata a Zona Franca de Manaus, para fins de incidência tributária, como se fosse território estrangeiro, tanto que condiciona a incidência de diversos impostos à remessa dos bens a outros pontos do território nacional.

Posteriormente, com a promulgação da Constituição Federal de 1988, o artigo 40 do Ato das Disposições Constitucionais Transitórias garantiu a manutenção da Zona Franca de Manaus com status de área de livre comércio, de exportação de importação, e de incentivos fiscais, pelo prazo de vinte e cinco anos:

> Art. 40. É mantida a Zona Franca de Manaus, com suas características de área livre de comércio, de exportação e importação, e de incentivos fiscais, pelo prazo de vinte e cinco anos, a partir da promulgação da Constituição.
> Parágrafo único. Somente por lei federal podem ser modificados os critérios que disciplinaram ou venham a disciplinar a aprovação dos projetos na Zona Franca de Manaus.

O prazo mencionado pelo artigo 40 dos Atos das Disposições Constitucionais Transitórias se esgotaria em 2013, no entanto o mesmo foi prorrogado por mais dez anos pela Emenda Constitucional nº 42, de 19 de dezembro de 2003, a qual incluiu o artigo 92 ao referido Ato. Posteriormente, foi promulgada a Emenda Constitucional nº 83, de 05 de agosto de 2014, incluindo o artigo 92-A ao das Disposições Constitucionais Transitórias e prorrogando o prazo previsto pelo artigo 40 por mais 50 anos. Portanto, os incentivos fiscais concedidos à Zona Franca de Manaus ficam mantidos até 2073.

A questão analisada pelo Supremo Tribunal Federal quando do julgamento da Ação Direta de Inconstitucionalidade nº 310 diz respeito à disciplina jurídica tributária aplicável à Zona Franca de Manaus, no âmbito do Imposto sobre Circulação de Mercadorias e Prestação de Serviços de Transporte Interestadual e Intermunicipal e de Comunicação (ICMS) após a promulgação da Constituição Federal de 1988. Em outras palavras, o que se visou discutir foi a transição da disciplina jurídica para o atual ordenamento jurídico.

Com efeito, ao considerar que o presente trabalho tem por fim a análise do regramento jurídico da Zona Franca de Manaus no âmbito do Imposto sobre a Circulação de Mercadorias e Serviços de Transporte Interestadual e Intermunicipal e de Comunicação (ICMS), mais precisamente a manutenção ou não dos créditos relativos à entrada de mercadorias posteriormente destinadas àquela região incentivada, será de profunda importância para compreensão da questão posta a análise dos benefícios fiscais concedidos no âmbito desse imposto às exportações, desde a edição do Decreto-Lei nº 288, de 28 de fevereiro de 1967, até a Constituição Federal de 1988, para então, posteriormente, ser possível estudar o conteúdo da decisão da Ação Direta de Inconstitucionalidade nº 310.

1.3. Os Benefícios Fiscais da Zona Franca de Manaus no Âmbito do Imposto sobre Circulação de Mercadoria (ICM) – Constituição Federal de 1967

À época em que foi editado o Decreto-Lei nº 288, de 28 de fevereiro de 1967, vigorava a Constituição da República Federativa do Brasil de 1967, que outorgava, no inciso II do seu artigo 23, após redação dada pela Emenda Constitucional nº 01, de 17 de outubro 1969, competência aos Estados e ao Distrito Federal para instituir impostos sobre:

> II – operações relativas à circulação de mercadorias, realizadas por produtores, industriais e comerciantes, impostos que não serão cumulativos e dos quais se abaterá nos têrmos do disposto em lei complementar, o montante cobrado nas anteriores pelo mesmo ou por outro Estado

À época, este imposto era denominado como Imposto sobre Circulação de Mercadorias (ICM), que deu origem ao atual Imposto sobre Circulação de Mercadorias e Prestação de Serviço de Transporte Interestadual e Intermunicipal e de Comunicação (ICMS).

Portanto, o aspecto material do imposto à época era o ato de circular mercadorias[1].

Por sua vez, o Decreto-Lei nº 406, de 31 de dezembro de 1968, que estabeleceu normas gerais de direito financeiro, aplicáveis aos impostos sobre operações relativas à circulação de mercadorias e sobre serviços de qualquer natureza, estabeleceu em seu artigo 1º que o fato gerador do Imposto sobre a Circulação de Mercadoria (ICM) considerava ocorrido com "a saída de mercadorias de estabelecimento comercial, industrial ou produtor".

Nesse contexto, as remessas de mercadorias para consumo ou industrialização para a Zona Franca de Manaus estão sujeitas, num primeiro momento, à incidência do Imposto sobre Circulação de Mercadoria (ICM). No entanto, como visto acima, o artigo 4º do Decreto-Lei nº 288, de 28 de fevereiro de 1967, equiparou, para fins de incidência de benefícios tributários, as remessas de mercadoria para a Zona Franca de Manaus às operações de exportação. Portanto, é necessário averiguar qual o tratamento que era dado no âmbito desse imposto nas hipóteses de exportação.

Retornando à Constituição Federal de 1967, com redação dada pela Emenda Constitucional nº 01, de 17 de outubro de 1969, constata-se pelo § 7º do mencionado artigo 23, que a competência outorgada aos Estados e Distrito Federal para instituir o Imposto sobre Circulação de Mercadoria (ICM) não atingia

---

[1] Com a promulgação da Constituição Federal de 1988 e a instituição do novo atual Imposto sobre a Circulação de Mercadorias e Serviços (ICMS) pelo inciso II do seu artigo 155, o aspecto material no tributo foi ampliado para abranger, além do ato de circular mercadorias, o ato de prestar serviços de transporte interestadual e intermunicipal de pessoas e de comunicação.

os produtos industrializados e outros que a lei determinasse que fossem destinados ao exterior. Vejamos:

> Art. 23. Compete aos Estados e ao Distrito Federal instituir impostos sôbre:
> (...)
> II – operações relativas à circulação de mercadorias, realizadas por produtores, industriais e comerciantes, impostos que não serão cumulativos e dos quais se abaterá nos têrmos do disposto em lei complementar, o montante cobrado nas anteriores pelo mesmo ou por outro Estado.
> (...)
> § 7º O impôsto de que trata o item II não incidirá sôbre as operações que destinem ao exterior produtos industrializados e outros que a lei indicar.

Ou seja, a Constituição Federal de 1967 imunizou da incidência do Imposto sobre a Circulação de Mercadorias as operações com produtos industrializados, e com outros que a lei determinasse que fossem destinados para o estrangeiro.

Ademais, ao regulamentar a imunidade do ICM sobre as operações de produtos industrializados destinados ao exterior, o Decreto-Lei nº 406, de 31 de dezembro de 1968, prescreveu, além da não incidência do imposto nessas operações de circulação de mercadoria, o benefício da manutenção do crédito do imposto na entrada:

> Art. 1º O imposto sobre operações relativas à circulação de mercadorias tem como fato gerador:
> (...)
> §3º O Imposto não incide:
> I – Sobre a saída de produtos industrializados destinados ao exterior;

(...)
Art. 3º O imposto sobre circulação de mercadorias é não cumulativo, abatendo-se, em cada operação o montante cobrado nas anteriores, pelo mesmo ou outro Estado.
(...)
§ 3º Não se exigirá o estorno do imposto relativo às mercadorias entradas para utilização, como matéria-prima ou material secundário, na fabricação e embalagem dos produtos de que tratam o § 3º, inciso I e o § 4º, e o inciso III, do art. 1º. O disposto neste parágrafo não se aplica, salvo disposição da legislação estadual em contrario, às matérias primas de origem animal ou vegetal que representem, individualmente, mais de 50% do valor do produto resultante de sua industrialização.

Como prescrito pelo próprio inciso II do artigo 23 da Constituição Federal de 1967 acima mencionado, o Imposto sobre Circulação de Mercadorias (ICM) era não cumulativo, abatendo-se em cada operação de saída o imposto cobrado na entrada da respectiva mercadoria ou insumo pelo mesmo ou por outro Estado da Federação. Trata-se do princípio da não cumulatividade também aplicável ao atual imposto sobre Circulação de Mercadorias e Prestação de Serviços de Transporte Interestadual e Intermunicipal e de Comunicação (ICMS).

Ocorre que, no caso de saída de mercadorias isentas ou sujeitas alíquota zero do Imposto sobre Circulação de Mercadorias (ICM), exigia-se o estorno dos créditos apurados na entrada na mercadoria ou dos insumos utilizados na sua produção. No entanto, o § 3º do artigo 3º do Decreto-lei nº 406, de 31 de dezembro de 1978, garantiu o direito ao crédito das matérias primas, materiais secundários e materiais de embalagem empregados em produtos sujeito à exportação. Ou seja, o estabelecimento exportador não precisaria realizar o estorno do crédito de Imposto sobre Circulação de Mercadoria apurado em relação à entrada desses itens, podendo utiliza-los em relação a outras operações de saída.

Portanto, em síntese, os benefícios fiscais aplicáveis, no âmbito do ICM, às operações de exportação realizadas sob a égide da Constituição Federal de 1967 eram os seguintes: *(i)* não incidência em relação à exportação de produtos industrializados; e *(ii)* manutenção do crédito relativo à entrada de matéria-prima e produto secundário destinado à industrialização ou embalagem de produtos exportados.

Consequentemente, em razão do que dispõe o artigo 4º do Decreto-Lei nº 288, de 28 de fevereiro de 1967, isso significa dizer que, enquanto vigorou a Constituição Federal de 1967, as remessas de produtos industrializados à Zona Franca de Manaus possuíam direito ao mesmo tratamento fiscal que aquele empregado às operações de exportação de mercadoria, ou seja, isenção do ICM e a manutenção dos créditos na entrada de insumos.

E o dispositivo do artigo 4º do Decreto-Lei nº 288, de 28 de fevereiro de 1967 veio a ser confirmado expressamente pelo artigo 5º da Lei Complementar nº 4 de 2 de dezembro de 1969, o qual tratava de hipóteses de isenção do Imposto sobre Circulação de Mercadorias.

Seis anos mais tarde, foi editada a Lei-Complementar nº 24 de 7 de janeiro de 1975, que veio disciplinar as regras para concessão de benefício fiscal de isenção, redução de base de cálculo, devolução de tributo ao contribuinte, responsável, ou terceiros, de crédito presumido e quaisquer outros do Imposto sobre Circulação de Mercadorias, determinando que tais benefícios fiscais apenas poderiam ser concedidos por meio de "convênios celebrados e ratificados pelos Estados e pelo Distrito Federal" (artigo 1º).

Ou seja, a partir da edição da Lei-Complementar nº 24, de 7 de janeiro de 1975, a concessão de benefícios fiscais pelos Estados e pelo Distrito Federal no âmbito do Imposto sobre Circulação de Mercadorias passou a estar condicionada à existência de convênio celebrado previamente por todos os Estados e o Distrito Federal, e desde que a concessão do benefício decorresse de decisão unânime dos representantes de todas as Unidades da Federação.

Em princípio, os benefícios aplicáveis à Zona Franca de Manaus também deveriam seguir tal disciplina. No entanto, a Lei-Complementar nº 24, de 7 de janeiro de 1975, considerando a importância de dar subsídios ao desenvolvimento econômico da região da Amazônia, excluiu dessas regras os benefícios fiscais concedidos às indústrias instaladas ou que viessem a se instalar na Zona Franca de Manaus e impediu que qualquer Unidade da Federação excluísse qualquer incentivo instaurado pelo Estado do Amazonas:

> Art. 15 – O disposto nesta Lei não se aplica às indústrias instaladas ou que vierem a instalar-se na Zona Franca de Manaus, sendo vedado às demais Unidades da Federação determinar a exclusão de incentivo fiscal, prêmio ou estimulo concedido pelo Estado do Amazonas.

Ao assim proceder, o artigo 15 da Lei-Complementar nº 24, de 7 de janeiro de 1975, acabou confirmando o tratamento fiscal diferenciado previsto pelo artigo 4º do Decreto-Lei nº 288, de 28 de fevereiro de 1967, mantendo os seus efeitos mesmo que não tenha sido objeto de Convênio aprovado pela unanimidade dos Estados e do Distrito Federal.

Portanto, em síntese, o tratamento que era dado aos produtos remetidos para a Zona Franca de Manaus era aquele estabelecido pelo artigo 4º do Decreto-Lei nº 288, de 28 de fevereiro de 1967, às operações de exportação, qual seja, o de isenção do Imposto sobre Circulação de Mercadorias sobre as mercadorias remetidas de qualquer ponto do território nacional para a região incentivada, bem como de manutenção dos créditos relativos às matérias-primas, aos produtos secundários e materiais de embalagem empregados nesses produtos.

1.4. Os Benefícios Fiscais à Zona Franca de Manaus no Âmbito do Imposto sobre Circulação de Mercadorias e Prestação de Serviços de Transporte Interestadual e Intermunicipal e de Comunicação (ICMS) – Constituição Federal de 1988

A Constituição Federal de 1988, promulgada em 05 de outubro de 1988, ab-rogou integralmente as normas da Constituição Federal de 1967 e revogou as normas infraconstitucionais então existentes que fossem incompatíveis com o novo texto constitucional, ressalvados apenas os casos expressamente previstos pelo Ato das Disposições Constitucionais Transitórias, cuja função é exatamente a de impor regras temporárias para viabilizar a transição de ordenamentos jurídicos.

Dentre os dispositivos do Ato das Disposições Constitucionais Transitórias que são relevantes para a interpretação dos benefícios aplicáveis à Zona Franca de Manaus após a promulgação da Constituição Federal de 1988, cabe ressaltar o já mencionado artigo 40 do Ato das Disposições Constitucionais Transitórias, o qual determina a manutenção daquela região como uma área de livre comércio, de exportação, de importação e de benefícios fiscais. Eis, novamente a sua transcrição:

> Art. 40. É mantida a Zona Franca de Manaus, com suas características de área livre de comércio, de exportação e importação, e de incentivos fiscais, pelo prazo de vinte e cinco anos, a partir da promulgação da Constituição.

Como se vê, ante a importância do desenvolvimento econômico da Zona Franca da Manaus para os interesses nacionais, o poder Constituinte fez questão de garantir que aquela área permanecesse recebendo incentivos como já recebia à época em que vigorava a Constituição Federal de 1967. Inclusive, a redação no artigo 40 do Ato das Disposições Constitucionais Transitórias é o mesmo do início do artigo 1º do Decreto-Lei nº 288, de 28 de fevereiro de 1967, que traz a definição da Zona Franca de Manaus. Confira-se:

> Art 1º **A Zona Franca de Manaus é uma área de livre comércio de importação e exportação e de incentivos fiscais especiais**, estabelecida com a finalidade de criar no interior da Amazônia um centro industrial, comercial e agropecuário dotado de condições econômicas que permitam seu desenvolvimento, em face dos fatôres locais e da grande distância, a que se encontram, os centros consumidores de seus produtos. (Destaquei).

Diante disso, em que pese o artigo 40 do Ato das Disposições Constitucionais Transitórias não ter mencionado o Decreto-Lei nº 288, de 28 de fevereiro de 1967, sua redação leva a crer que ser objetivo é o de que o ordenamento jurídico instituído pela Constituição Federal de 1988 recepcionasse o projeto da Zona Franca de Manaus tal qual delimitado pela legislação pré-constitucional, e, consequentemente, as remessas de mercadorias de qualquer ponto do território nacional para a Zona Franca de Manaus permaneceriam equiparadas às operações de exportação, tal qual disposto o artigo 4º do mencionado Decreto-Lei, sendo-lhes aplicados os mesmos benefícios fiscais concedidos a operações dessa natureza.

No entanto, como o Ato das Disposições Constitucionais Transitórias não tratou de forma clara a respeito da recepção da legislação relativa a Zona Franca de Manaus anteriormente vigente, acabou surgindo a dúvida se os benefícios fiscais a que o artigo 40 se referia seriam aqueles previstos na legislação ordinária pré-constitucional, ou se seriam os benefícios previstos às operações de exportação após a promulgação da Constituição Federal de 1988.

Pois bem, continuando a análise do Ato das Disposições Constitucionais Transitórias, verifica-se que, em relação ao sistema tributário nacional introduzido pela Constituição Federal de 1988, o seu artigo 34 determinou que o novo ordenamento jurídico tributário apenas entraria em vigor a partir do primeiro dia do mês de março de 1988, sendo que seria mantido, até o último dia do mês de fevereiro de 1989, aquele previsto pela Constituição Federal de 1967.

Por sua vez, os parágrafos 3º e 4º do mencionado dispositivo estabeleceram que nesse período, entre a promulgação da Constituição e a entrada em vigor do novo sistema tributário nacional, caberia aos Municípios, aos Estados e ao Distrito Federal editar as leis necessárias para aplicação do sistema tributário previsto pela Constituição Federal de 1988.

Não obstante a previsão dos referidos parágrafos, o parágrafo 5º, também do artigo 34 do Ato das Disposições Constitucionais Transitórias, garantiu que, uma vez vigente o novo sistema tributário nacional deveriam continuar sendo aplicados os dispositivos da legislação pré-constitucional os quais não fossem incompatíveis com o novo sistema ou com as leis por ventura editadas pelos Municípios, Estados ou Distrito Federal no período entre a promulgação da Constituição Federal de 1988 e 01 de março de 1988.

Ou seja, as regras antes existentes para regulamentar o sistema de tributação previsto pela Constituição Federal de 1967 manteriam plena eficácia desde que fossem compatíveis com as normas tributárias delineadas pela Constituição Federal de 1988 e nem tivessem sido revogados por lei estadual ou municipal ou do Distrito Federal editada após 05 de outubro de 1988, com base nos parágrafo 3º e 4º do artigo 34 do Ato das Disposições Constitucionais Transitórias.

Com efeito, no que tange a competência tributária outorgada aos Estados e ao Distrito Federal pela Constituição Federal de 1988, constata-se que esta prescreveu na alínea "b" do inciso I do seu artigo 155 (em sua redação original) que caberia a tais Unidades Federadas instituir o imposto sobre as "operações relativas à circulação de mercadorias e sobre a prestação de serviços de transporte interestadual e intermunicipal e de comunicação", inclusive em relação às operações e prestações que viessem a ser iniciadas no exterior.

Com se vê, o aspecto material dos Impostos sobre a Circulação de Mercadorias e sobre a Prestação de Serviços de Transporte Interestadual e Intermunicipal e de Comunicação (ICMS) foi ampliado em relação ao antigo Imposto sobre a Circulação de Mercadorias (ICM) previsto pela Constituição Federal de 1967, na medida em que este novo imposto passou a incidir não apenas sobre a circulação de mercadorias, como também sobre a prestação de serviços de transporte interestadual e intermunicipal e sobre a prestação de serviço de comunicação.

Contudo, ainda que o artigo 155 da Constituição Federal de 1988 tenha inserido algumas mudanças em relação à competência tributária estadual, verifica-se que, em sua essência, o imposto permanece o mesmo, havendo apenas um detalhamento maior de suas regras constitucionais e também a ampliação delas para as hipóteses de prestação de serviços de transporte interestadual e intermunicipal e de comunicação.

Como previa a Constituição Federal de 1967, o atual Imposto sobre Circulação de Mercadorias e sobre a Prestação de Serviço de Transporte Interestadual e Intermunicipal e de Comunicação (ICMS) continua incidindo sobre as operações de circulação de mercadorias e permaneceu não cumulativo, "compensando-se o que foi devido em cada operação relativa à circulação de mercadorias ou prestação de serviços com o montante cobrado nas anteriores pelo mesmo Estado ou pelo Distrito Federal" (artigo 155, § 2º, inciso I, da Constituição Federal de 1988).

Não obstante a clara identificação entre o Imposto de Circulação de Mercadorias (ICM) e o Imposto sobre Circulação de Mercadorias e sobre a Prestação de Serviços de Transporte Interestadual e Intermunicipal e de Comunicação (ICMS), em razão da expansão do que aspecto matéria do imposto estadual, surgiu uma corrente doutrinária que defendia que este último seria um imposto novo, o qual não se confundiria com o primeiro.

Sob esse raciocínio, ou seja, de que o artigo 155 da Constituição Federal tratar-se-ia de imposto novo, toda a legislação pré-constitucional seria incompatível como o novo sistema tributário nacional, na medida em que versaria sobre imposto estadual diverso daquele que existia à época da Constituição Federal de 1967. Consequentemente, todo o conjunto normativo que antes vigorava para regulamentar os benefícios fiscais concedidos à Zona Franca de Manaus no âmbito do Imposto sobre Circulação de Mercadorias (ICM) não produziria efeitos no novo sistema tributário, já que o parágrafo 5º do artigo 34 do Ato das Disposições Constitucionais Transitórias apenas asseguraria a eficácia do que não fosse incompatível com as normas da Constituição Federal de 1988.

Além disso, no que se referia a concessão de benefícios fiscais em relação a esse "novo" imposto, a alínea "g" do inciso XII do § 2º do artigo 155 da Constituição Federal de 1988 determinou que os mesmos apenas podem ser concedidos mediante deliberação dos Estados e do Distrito Federal, que deve ser regulamentada por meio de Lei Complementar.

Ocorre que, enquanto não editada tal Lei Complementar, necessária à regulamentação da instituição de benesses fiscais pelos Estados e Distrito Federal no âmbito do Imposto sobre Circulação de Mercadorias e sobre a Prestação de Serviço de

Transporte Interestadual e Intermunicipal e de Comunicação (ICMS), tais Unidades Federadas não ficaram de mãos atadas, na medida em que o § 8º do artigo 34 permitiu o exercício de tal competência por meio dos Convênios Regulamentados pela Lei Complementar nº 24, de 7 de janeiro de 1975, conforme se verifica pela sua redação abaixo:

> § 8º Se, no prazo de sessenta dias contados da promulgação da Constituição, não for editada a lei complementar necessária à instituição do imposto de que trata o art. 155, I, "b", os Estados e o Distrito Federal, mediante convênio celebrado nos termos da Lei Complementar nº 24, de 7 de janeiro de 1975, fixarão normas para regular provisoriamente a matéria.

Ou seja, pelo raciocínio de que o artigo 40 o Ato das Disposições Constitucionais Transitórias não teria recepcionado os benefícios fiscais concedidos pelo artigo 4º do Decreto-Lei nº 288, de 28 de fevereiro de 1967 no âmbito do Imposto sobre Circulação de Mercadorias (ICM), na medida em que este não existiria mais, a concessão de benesses à Zona Franca de Manaus em relação ao Imposto sobre Circulação de Mercadorias e sobre a Prestação de Serviços de Transporte Interestadual e Intermunicipal e de Comunicação (ICMS) teria que ser feita mediante Convênio a ser celebrado nos termos da Lei Complementar nº 24, de 7 de janeiro de 1975.

E, apesar de tal interpretação não fazer qualquer sentido lógico jurídico, seja porque o Imposto sobre Circulação de Mercadorias e sobre a Prestação de Serviços de Transporte Interestadual e Intermunicipal e de Comunicação (ICMS) claramente se identifica com o Imposto sobre Circulação de Mercadorias (ICM), seja porque é evidente que o intuito do artigo 40 do Ato das Disposições Constitucionais Transitórias é o de manter os benefícios concedidos pela legislação pré-constitucional à Zona

Franca de Manaus, ante o claro interesse nacional no desenvolvimento da região, o fato é que acabou sendo editado o Convênio ICMS nº 65, de 06 de dezembro de 1988, que garantiu àquela região da Amazônia os mesmos incentivos fiscais que vigoravam na legislação pré-constitucional. Confira-se:

> Cláusula primeira **Ficam isentas do imposto às saídas de produtos industrializados de origem nacional para comercialização ou industrialização na Zona Franca de Manaus, desde que o estabelecimento destinatário tenha domicílio no Município de Manaus.**
> § 1º Excluem se do disposto nesta cláusula os seguintes produtos: armas e munições, perfumes, fumo, bebidas alcoólicas e automóveis de passageiros.
> § 2º Para efeito de fruição do benefício previsto nesta cláusula, o estabelecimento remetente deverá abater do preço da mercadoria o valor equivalente ao imposto que seria devido se não houvesse a isenção indicado expressamente na nota fiscal.
> Cláusula segunda A isenção de que trata a cláusula anterior fica condicionada à comprovação da entrada efetiva dos produtos no estabelecimento destinatário.
> Cláusula terceira Fica assegurado ao estabelecimento industrial que promover a saída mencionada na cláusula primeira a manutenção dos créditos relativos às matérias primas, materiais secundários e materiais de embalagens utilizados na produção dos bens objeto daquela isenção.
> Parágrafo único. Excluem-se do disposto nesta cláusula os produtos que atualmente estejam sujeitos a estorno de créditos.
> Cláusula quarta Fica o Estado do Amazonas autorizado a conceder crédito presumido nas operações que se destinem à comercialização ou industrialização na Zona Franca de Manaus.
> Cláusula quinta As mercadorias beneficiadas pela isenção prevista neste Convênio, quando saírem da Zona Franca de Manaus,

perderão o direito àquela isenção, hipótese em que o imposto devido será cobrado pelo Estado de origem, salvo se o produto tiver sido objeto de industrialização naquela Zona.

Cláusula sexta Compete ao Estado do Amazonas, em conjunto ou não com outro Estado, exercer o controle das entradas dos produtos industrializados na Zona Franca de Manaus.

Parágrafo único. Para implementar esta cláusula, no prazo de 45 (quarenta e cinco) dias será celebrado protocolo entre o Estado interessado.

Cláusula sétima Este Convênio entra em vigor na data da publicação de sua ratificação nacional. (Destaquei)

Pela leitura do transcrito Convênio, principalmente das suas cláusulas primeira e terceira, verifica-se que, tal qual previa a legislação vigente sob a égide da Constituição Federal de 1967, ficou estabelecida a isenção do imposto estadual sobre a circulação de mercadorias em relação às remessas de produtos de qualquer ponto do território nacional para a Zona Franca de Manaus, ficando garantido o direito à manutenção dos créditos em relação às matérias-primas, materiais secundários e materiais de embalagem utilizados desses bens.

Como o mencionado Convênio repetiu os benefícios que vigiam antes da promulgação da Constituição Federal de 1988, a sua legitimidade acabou não sendo questionada, já que, não havendo restrição de benefícios, não haveria que se falar em ofensa ao artigo 40 do Ato das Disposições Constitucionais Transitórias.

Consequentemente, extirpou-se a dúvida quanto aos benefícios aplicáveis no âmbito do Imposto sobre Circulação de Mercadorias e sobre a Prestação de Serviço Interestadual e Intermunicipal e de Comunicação quando da aquisição de bens de origem nacional para comercialização ou industrialização na Zona Franca de Manaus, na medida em que, seja pela interpretação de que o artigo 40 recepcionou os benefícios vigentes à época da Constituição Federal de 1967, seja no sentido de que a questão deveria ser deliberada pelos Estados, a benesse seria a mesma.

Ocorre que, após pouco mais de um ano, os Estados e o Distrito Federal celebraram diversos convênios com o fim de restringir os benefícios fiscais previstos no Convênio ICMS nº 65, de 06 de dezembro de 1988, entre os quais estão o Convênio ICMS nº 01, de 01 de junho de 1990, e o Convênio ICMS nº 02, de 03 de outubro de 1990, que excluíram da isenção o açúcar de cana, os produtos industrializados semielaborados previsto na lista do Convênio ICMS nº 07, de 28 de fevereiro de 1989.

Além desses, foi celebrado o Convênio nº 06, de 01 de junho de 1990, que teve por fim revogar a cláusula terceira do Convênio ICMS nº 65, de 06 de dezembro de 1988, e com ela a benesse de manutenção dos créditos tributários apurados na entrada de insumos utilizados na produção de bens posteriormente destinados à Zona Franca de Manaus. O que significa dizer que, a partir da celebração do referido Convênio, os contribuintes que remetessem mercadorias à Zona Franca de Manaus, ficaram obrigado a realizar o estorno de créditos apurados na estrada de insumos para a fabricação desses bens.

Diante da clara limitação dos incentivos fiscais aplicáveis a Zona Franca de Manaus em relação àqueles previstos pela legislação pré-constitucional, qual seja, o artigo 4º do Decreto-Lei nº 288, de 28 de fevereiro de 1967, em conjunto com o § 7º do artigo 23 da Constituição Federal de 1967, com redação dada pela Emenda Constitucional nº 01, de 17 de outubro de 1967, a discussão a respeito da extensão do artigo 40 do Ato das Disposições Constitucionais Transitórias foi reacendida, o que provocou o ajuizamento da Ação Direta de Inconstitucionalidade nº 310.

2. A Ação Direta de Inconstitucionalidade 310
2.1. O Objeto e os Fundamentos da Ação Direta de Inconstitucionalidade nº 310

Diante das restrições impostas pelos Convênios nº 01, 02 e 06 de 1990 aos benefícios concedidos aos bens adquiridos por estabelecimentos localizados na Zona Franca de Manaus, o Governador do Estado do Amazonas, com base na competência outorgada pelo inciso V do artigo 103 da Constituição Federal de 1988, ajuizou a Ação Direta de Inconstitucionalidade nº 310, com pedido de medida cautelar, visando fosse declarada a inconstitucionalidade dos mencionados Convênios, como se verifica do seu pedido:

> VIII. DO PEDIDO
> Por todo o exposto, reprisando-se a relevância do fundamento do pedido liminar (*fumus boni yuris*) e o iminente e irreparável dano a ser causado ao Estado do Amazonas – e ao país – (*periculum in mora*), o requerente espera e roga que, concedido o pedido cautelar reclamado, essa Augusta Corte:
> 1º) julgue procedente a presente ação e declare a inconstitucionalidade dos convênios nºs 01, 02 e 06/90 – CONFAZ, revestidos de excepcional natureza legislativa;

O Governador do Estado do Amazonas fundamentou a referida Ação no fato de que os benefícios fiscais outorgados pela Zona Franca de Manaus estarem, na verdade, regulamentados pelo artigo 4º do Decreto-Lei nº 288, de 28 de fevereiro de 1967, que foi recepcionado com status de lei complementar pelo artigo 5º da Lei Complementar nº 4, de 2 de dezembro de 1969, satisfazendo o requisito previsto pelo § 2º do artigo 19 da então vigente Constituição Federal de 1967[2].

---

[2] Sobre esse assunto, vide item 2.2. do presente trabalho

Ademais, o Governado do Estado do Amazonas defendeu que a Lei Complementar nº 24, de 07 de janeiro de 1975, que fundamentou a celebração dos Convênios nº 01, 02 e 06 de 1990, proíbe em seu artigo 15 que os Estados e o Distrito Federal deliberem sobre isenções e incentivos fiscais no âmbito do Imposto sobre Circulação de Mercadorias e sobre a Prestação de Serviço de Transporte Interestadual e Intermunicipal e de Comunicação (ICMS) relacionados às operações realizadas com a Zona Franca de Manaus.

E, não obstante a Constituição Federal de 1967 tenha sido ab-rogada pela Constituição Federal de 1988, defendeu ainda que o artigo 40 do Ato das Disposições Constitucionais Transitórias, ao manter a Zona Franca de Manaus com características de área de livre comércio, de exportação e importação, e de benefícios fiscais, teria mantido todo o conjunto normativo informativo daquela região incentivada o qual existia na legislação anterior à Constituição de 1988, qual seja, o Decreto-Lei nº 288, de 28 de fevereiro de 1967, o artigo 5º da Lei Complementar nº 4, de 2 de dezembro de 1969, e o artigo 15 da Lei Complementar nº 24, de 7 de janeiro de 1975. Consequentemente, a alteração dos mencionados dispositivos por meio de Convênio constituiria ofensa ao mencionado dispositivo constitucional.

Instados a se manifestar, a Ministra da Economia, Fazenda e Planejamento, bem como os Secretários da Fazenda dos Estados signatários dos Convênios e o Advogado-Geral da União apresentaram os seguintes argumentos contrários a procedência da Ação Direta de Inconstitucionalidade ajuizada pelo Governador do Estado do Amazonas: (i) não seria cabível o controle concentrado de constitucionalidade para analisar a questão, pois a ofensa ao artigo 40 do Ato das Disposições Constitucionais Transitórias seria indireta; (ii) ainda que assim não fosse, o mencionado dispositivo não teria recepcionado a isenção prevista no Decreto-Lei nº 288, de 28 de fevereiro de 1967, mas apenas mantido a Zona Franca de Manaus com características de área de livre comércio exterior; e (iii) pelas regras da Constituição Federal de 1988 (alínea "g" do inciso XII do § 2º do artigo 155), a isenção do Imposto sobre Circulação de Mercadorias e sobre a Prestação de Serviço de Transporte Interestadual e Intermunicipal e de Comunicação (ICMS) deve ser outorgada mediante deliberação conjunta dos Estados e do Distrito Federal, formalizada em Convênio.

Por conseguinte, o Supremo Tribunal Federal deveria decidir, primeiramente, se a matéria a ser apreciada seria de índole constitucional e, consequentemente, se seria cabível a Ação Direta de Inconstitucionalidade para resolução da questão e, uma vez conhecida a ação, definir se os Convênios 01, 02 e 06 ofenderiam o artigo 40 do Ato das Disposições Constitucionais Transitórias.

Portanto, o objeto da ação proposta foi o controle de constitucionalidade dos Convênios nº 01, 02 e 06, de 1990 face à disposição do artigo 40 do Ato das Disposições Constitucionais Transitórias.

2.2. A Decisão do Supremo Tribunal Federal na Ação Direta de Inconstitucionalidade nº 310

Pela leitura do voto da Relatora da Ação Direta de Inconstitucionalidade nº 310, a Ministra Carmén Lúcia, o qual foi acompanhado pela unanimidade dos Ministros do Plenário do Supremo Tribunal Federal, verifica-se que o julgamento da mencionada ação foi dividido na resolução de três questões: (i) o cabimento da Ação Direta de Inconstitucionalidade; (ii) a definição do alcance artigo 40 do Ato das Disposições Constitucionais Transitórias; e (iii) a existência ou não de ofensa a Constituição Federal de 1988; questões essas que serão analisadas separadamente a seguir.

2.2.1. O Cabimento da Ação Direta de Inconstitucionalidade

Como mencionado acima, dentre os argumentos contrários à Ação Direta de Inconstitucionalidade ajuizada pelo Governador do Estado do Amazonas estava o de que as disposições dos Convênios objeto de controle de constitucionalidade não confrontariam diretamente o artigo 40 do Ato das Disposições Constitucionais Transitórias, mas sim o artigo 4º do Decreto-Lei nº 288, de 28 de fevereiro de 1967, o artigo 5º da Lei Complementar nº 4, de 02 de dezembro de 1969, e o artigo 15 da Lei Complementar nº 24, de 07 de janeiro de 1975.

Não obstante a Ministra Cármen Lúcia, utilizando das palavras do anterior Relator Sepúlveda Pertence, tenha admitido que a análise da mencionada legislação infraconstitucional não seria dispensada para resolver a matéria, ressaltou que tal circunstância não seria suficiente para afastar o cabimento do controle concentrado de constitucionalidade, na medida em que o cerne da questão dependeria da definição do "alcance do art. 40 do Ato das Disposições Constitucionais Transitórias, ou seja, se esta norma de vigência temporária teria permitido a recepção do elenco pré-constitucional de incentivos à Zona Franca de Manaus". A Ministra Relatora ressaltou, ainda, que a mera aplicação das regras de hermenêuticas de direito intertemporal entre os Convênios e o conjunto normativo pré-constitucional de incentivos à Zona Franca de Manaus não resolveria o conflito, pois "a preservação de eficácia destes decorreria exatamente da determinação da norma constitucional de caráter temporário".

Portanto, restou definido pelo Supremo Tribunal Federal, no julgamento da Ação Direta de Inconstitucionalidade, que a definição da extensão dos benefícios aplicáveis à Zona Franca de Manaus é matéria de ordem constitucional, na medida em que depende da interpretação do artigo 40 do Ato das Disposições Constitucionais Transitórias.

2.2.2. A Definição do Alcance do Artigo 40 do Ato das Disposições Constitucionais Transitórias

Superada a questão preliminar de cabimento da Ação Direta de Inconstitucionalidade, a Ministra Carmen Lúcia passou a análise de mérito, mais precisamente do artigo 40 do Ato das Disposições Constitucionais Transitórias.

Nesse ponto, a Ministra esclareceu que o objetivo da mencionada norma constitucional transitória foi o de preservar o elenco pré-constitucional de incentivos à Zona Franca de Manaus por tempo determinado, alçando-os para a estatura constitucional e atribuindo-lhes natureza de imunidade tributária.

É o que se pode verificar dos seguintes trechos do mencionado voto:

> 11. A norma constitucional transitória invocada pelo Autor impôs a preservação do elenco pré-constitucional de incentivos à Zona Franca de Manaus, restringindo, assim, o exercício da competência conferida aos Estados e ao Distrito Federal no corpo normativo permanente da Constituição de 1988, pela não incidência constitucionalmente qualificada instituída pelo art. 40 do Ato das Disposições Constitucionais Transitórias.
>
> Como asseverou o Ministro Sepúlveda Pertence no julgamento da medida cautelar, *'as normas constitucionais transitórias se explicam precisamente pela necessidade, cujo único juiz é o constituinte, de subtrair temporariamente determinadas situações preexistentes à incidência imediata da nova disciplina constitucional permanente'.*
>
> 12. Para preservar o projeto desenvolvimentista concebido sob a vigência da ordem de 1967 para a região setentrional do país, o poder constituinte originário tornou expressa a manutenção, por tempo determinado, da disciplina jurídica existente, afirmando a finalidade de apoio ou fomento para a criação de um centro industrial, comercial e agropecuário na região da Zona Franca de Manaus.

O quadro normativo pré-constitucional de incentivo fiscal à Zona Franca de Manaus foi alçada à estatura constitucional pelo art. 40 do ADCT, adquirindo, por força dessa regra transitória, natureza de imunidade tributária.

Assim, considerando-se não apenas os conceitos de permanência e de transitoriedade, mas também os conceitos de generalidade e de especificidade das normas constitucionais discutidas, não se há cogitar de incompatibilidade do regramento pré-constitucional referente aos incentivos fiscais conferidos à Zona Franca de Manaus com o sistema tributário nacional surgido com a Constituição de 1988, **pelo que persiste vigente a equiparação procedida pelo art. 4º do Decreto-Lei n. 288/1967, cujo propósito foi atrair a não incidência do imposto sobre circulação de mercadorias estipulada no art. 23, inc. II, § 7º, da Carta pretérita, desonerando, assim, a saída de mercadorias do território nacional para consumo ou industrialização na Zona Franca de Manaus.** (Destaquei)

Em outras palavras, restou definido pelo Supremo Tribunal Federal, por meio do voto da Ministra Carmén Lúcia, acompanhado por todos os demais Ministros que compunham o plenário daquele tribunal, que o artigo 40 do Ato das Disposições Constitucionais Transitórias não constitui mera norma programática, i.e., que impõe apenas diretrizes às autoridades legislativas, trata-se na verdade de norma com eficácia plena, que objetivou manter no sistema constitucional vigente a equiparação realizada pelo artigo 4º do Decreto-Lei nº 288, de 28 de fevereiro de 1967, determinando-se a aplicação nas remessas à Zona Franca de Manaus do mesmo tratamento tributário das operações de exportação, garantindo, ainda, a manutenção dos benefícios fiscais vigentes à época da Constituição Federal de 1967.

É importante observar que o voto da Ministra Carmén Lúcia esclarece que o artigo 40 do Ato das Disposições Constitucionais Transitórias restringiu o exercício da competência dos Estados e do Distrato Federal outorgados pela alínea "g" do inciso XII do § 2º do artigo 155 da Constituição Federal de 1988 em conjunto com o § 8º do artigo 34 daquele mesmo ato. Em outras palavras, foi vedado aos Estados e ao Distrito Federal reduzir os benefícios fiscais anteriormente concedidos à Zona Franca de Manaus, por se tratar de regra de imunidade.

Além disso, foi ressaltado que tais benefícios foram também estendidos "às hipóteses de incidência do imposto acrescentadas pela ordem constitucional vigente, pois o ICMS atual é o antigo ICM".

Sendo assim, quando ocorrer remessa de mercadorias à Zona Franca de Manaus, o tratamento tributário que deve ser aplicado é aquele previsto pelo artigo 4º do Decreto-Lei nº 288, de 28 de fevereiro de 1967, ou seja, a equiparação a uma operação de exportação.

2.3. A Existência ou Não de Ofensa à Constituição Federal de 1988 pelos Convênios 01, 02 e 06 de 1990

Definido o alcance do artigo 40 do Ato das Disposições Constitucionais Transitórias, passou-se ao julgamento sobre a constitucionalidade ou não dos Convênios 01, 02 e 06 de 1990.

Ocorre que, para definir essa última questão, foi então necessário estabelecer o alcance da equiparação realizada pelo artigo 4º do Decreto-Lei nº 288, de 28 de fevereiro de 1967. Isso porque, a Constituição Federal de 1988, ao tratar dos benefícios aplicáveis às operações de exportação, estabeleceu na alínea "a" do inciso X do § 2º do art. 155 da Constituição Federal de 1988 que não haveria a incidência do imposto sobre "operações que destinem ao exterior produtos industrializados, excluídos os semielaborados definidos em lei complementar".

Além disso, a Constituição Federal de 1988 passou a determinar expressamente a obrigação de estorno dos créditos relativos às operações anteriores na hipótese de saídas isentas ou não tributadas, salvo disposição de lei em contrário.

Ou seja, a Constituição Federal de 1988 não assegurou a não incidência do Imposto sobre a Circulação de Mercadorias e sobre a Prestação de Serviço de Transporte Interestadual e Intermunicipal e de Comunicação (ICMS) em relação à exportação de produtos semielaborados, e nem a manutenção dos créditos apurados na entrada dos produtos posteriormente destinados à Zona Franca de Manaus. Diante disso, surge a dúvida se de fato os Convênios ofenderiam o artigo 4º do Decreto-Lei nº 288, de 28 de fevereiro de 1967, recepcionado pelo artigo 40 do Ato das Disposições Constitucionais Transitórias.

Nesse aspecto, a conclusão a que chegou a unanimidade dos Ministros do Supremo Tribunal Federal, com base no voto da Ministra Relatora, foi a de que sendo o artigo 40 norma transitória e específica, a mesma deve prevalecer em relação as normas permanentes constantes da Constituição Federal de 1988 que sejam com ela incompatíveis.

Ou seja, o artigo 40 do Ato das Disposições Constitucionais Transitórias ao determinar a manutenção dos benefícios fiscais outorgados à Zona Franca de Manaus no quadro normativo pré-constitucional, garantiu não só a equiparação das remessas de mercadorias àquela região às operações de exportação, tal qual determina o artigo 4º do Decreto-lei nº 288, de 28 de fevereiro de 1967, como também garantiu, como benefícios fiscais mínimos, aqueles previstos na Constituição Federal de 1967 às mercadorias destinadas ao exterior.

Veja os trechos do voto da Ministra Carmén Lúcia que ilustram a referida conclusão:

> (...)
> Como enfatizado pelos Requeridos, ainda que admitida a recepção do art. 4º do Decreto-Lei n. 288/1967, a exclusão, pela norma

originária da Constituição de 1988, dos produtos semi-elaborados do benefício fiscal concedido às operações de exportação (art. 155, § 2º, inc. X, al. *a)* autorizaria a tributação estipulada nos convênios impugnados, já "a imunidade, em análise, não contempla[ria] exportação de mercadorias em geral de origem nacional para consumo e industrialização na Zona Franca de Manaus ou reexportação para o estrangeiro" (fls. 328).

Esse tema foi objeto de análise do ilustre Marco Aurélio Greco no parecer antes mencionado, do qual reproduzo as seguintes razões:

'... De fato, é sabido que a CF de 1988 em matéria de exportação de produtos industrializados criou uma restrição à imunidade tributária no âmbito do ICMS, ao prever no inc. X, 'a', do § 2º, do art. 155, a figura dos produtos industrializados 'semi-elaborados', relativamente aos quais pode ser exigido o imposto na exportação.

A pergunta que se põe – e bem formulada na consulta – é se o conceito de 'semi-elaborado' é conceito transplantável para o âmbito das operações realizadas com destino à ZFM. Alguém, de fato, poderia argumentar que, havendo 'equiparação à exportação' e existindo na exportação a figura do semi-elaborado, os produtos desse tipo que fossem remetidos para a ZFM, teriam, por consequência, o mesmo regime que lhes fosse deferido nas exportações. Com a devida vênia, não parece procedente esta linha de argumentação. Em primeiro lugar porque o art. 4º do Dec.-lei 288/67 estende a equivalência a quaisquer mercadorias, conceito muito mais amplo do que o de produto industrializado. E se a garantia é mais ampla, descabe a invocação de restrição específica a uma categoria.

Realmente, na sistemática constitucional vigente os produtos industrializados foram subdivididos em duas espécies, uma dos semielaborados, outra dos totalmente elaborados. Esta sub--divisão, porém, é criação da CF de 1988 inexistindo no regime constitucional anterior. Sendo assim, como o art. 40 do ADCT incorpora apenas o regime anteriormente existente que não continha a figura, não foi encampada em relação à ZFM.

Repita-se o que acima foi dito. A norma transitória é, por definição, incompatível com a norma permanente. Daí a necessidade de ser expressamente mantida no ADCT, até que ocorra o evento nela previsto que implique em seu desaparecimento.

Novos conceitos introduzidos pela parte permanente da CF de 1988 e que impliquem em diminuição ou restrição à amplitude dos incentivos anteriormente existentes, não são aplicáveis às operações com destino à ZFM em razão da ressalva contida no tantas vezes mencionado art. 40 do ADCT.

(...)"

"Nem se diga" – continua o insigne jurista – "que isto implicaria em dar preeminência à norma transitória em cotejo com a norma permanente o que viciaria o raciocínio. Data vênia, a razão mesma de ser da norma transitória é predominar em relação à permanente, enquanto não ocorrer o evento extintivo nela previsto. Assim, as normas supervenientes, como, p. ex., os Convênios 1, 2 e 6/90, quando pretenderam introduzir o conceito de 'semielaborado' nas operações com a ZFM, para o fim de excluir certos produtos do regime de não incidência, ferem a garantia contida no art. 40 do ADCT por implicarem restrição ao incentivo anteriormente existente, que não distingue entre produtos industrializados. E onde a Constituição (por encampação do regime então vigente), ao dar uma garantia ao contribuinte, não distingue entre espécies do mesmo gênero, não pode o legislador ordinário (ou por convênio) restringir.

(...)

Em suma, todos os produtos industrializados destinados à ZFM (semi-elaborados ou não) estão cobertos pela não incidência de ICMS incorporada pelo art. 40 do ADCT. Excluir alguns é restringir o alcance da garantia constitucional e a norma que assim dispuser padecerá do vício de inconstitucionalidade." (op. cit., págs. 110 e 111).

O acerto na conclusão daquele tributarista torna-se evidente se se toma a hipótese de que tivesse o poder constituinte originário deixado de reconhecer a não incidência do ICMS sobre as operações que destinasse ao exterior qualquer produto industrializado, semielaborado ou não: ainda assim, a determinação expressa de manutenção do conjunto de incentivos fiscais referentes à Zona Franca de Manaus, extraídos, obviamente, da legislação pré-constitucional, exigiria a não incidência do ICMS sobre as operações de saída de mercadorias para aquela área de livre comércio, sob pena de se proceder a uma redução do quadro fiscal expressamente mantido por dispositivo constitucional específico e transitório.

15. A dificuldade que essa questão suscitava foi superada com o advento da Emenda Constitucional n. 42, de 19.12.2003, que, além de tornar expresso o reconhecimento da não incidência sobre serviços prestados a destinatários no exterior, abandonou a subdivisão dos produtos industrializados presente na norma originária da al. a do inc. X do § 2º do art. 155 da Constituição da República, para assentar a não incidência do ICMS sobre mercadorias destinadas ao exterior, utilizando rigorosamente o mesmo vocábulo do art. 4º Decreto-Lei n. 288/1967.

16. Nesses termos, tem-se que a incidência do imposto sobre circulação de mercadorias e serviços determinada nas situações previstas nos convênios questionados gerou redução da eficácia real do art. 40 do Ato das Disposições Constitucionais Transitórias.

17. Pelo exposto, voto no sentido da confirmação da medida cautelar deferida, julgando procedente a presente ação direta, para declarar a inconstitucionalidade dos Convênios ICMS ns. 01, 02 e 03, de 1990. (destaquei)

Portanto, pela conclusão a que chegou o Supremo Tribunal Federal, as regras previstas às operações de exportação pela Constituição Federal de 1988 serão aplicadas às remessas à Zona Franca de Manaus, por força da equiparação realizada pelo artigo 4º do Decreto-Lei nº 288, de 28 de fevereiro de 1967, e recepcionado pelo artigo 40 do Ato das Disposições Constitucionais Transitórias, mas desde que tais regras não restrinjam os benefícios garantidos à essas remessas enquanto vigorava a Constituição Federal de 1967.

Como os Convênios 01, 02 e 06 restringiram os benefícios previstos pela legislação pré-constitucional, o acórdão do Supremo Tribunal Federal foi no sentido de declarar a inconstitucionalidade dos ditos Convênios.

2.4. Dos Efeitos do Acórdão do Supremo Tribunal Federal na Ação Direta de Inconstitucionalidade nº 310

Como visto acima, a conclusão final do Supremo Tribunal Federal na Ação Direta de Inconstitucionalidade nº 310 foi a de que os Convênios 01, 02 e 06 estariam em desacordo com o artigo 40 do Ato das Disposições Constitucionais Transitórias, na medida em que este recepcionou, com status de dispositivo constitucional, o artigo 4º do Decreto-Lei nº 288, de 28 de fevereiro de 1967, que equiparou as remessas de mercadorias à Zona Franca de Manaus às operações de exportação, para fins de aplicação de incentivos fiscais, garantindo, ainda, os benefícios existentes a operações dessa natureza no conjunto normativo pré-constitucional.

Ocorre que, entre o ajuizamento da Ação Direta de Inconstitucionalidade nº 310 (20 de junho de 1990) e o trânsito em julgado do acórdão do Supremo Tribunal Federal (15 de setembro de 2014) passaram-se vinte e quatro anos e, nesse período, as regras constitucionais no âmbito do Imposto sobre Circulação de Mercadorias e Prestação de Serviços de Transporte Interestadual e Intermunicipal e de Comunicação (ICMS) aplicáveis às operações de exportação de mercadorias acabaram sofrendo alterações.

No caso, em 19 de dezembro de 2003, foi promulgada a Emenda Constitucional nº 42 que, dentre alterações, modificou a alínea "a" do inciso X do § 2º do artigo 155 da Constituição Federal de 1988, que passou a ter a seguinte redação:

> X – não incidirá:
> a) sobre operações que destinem mercadorias para o exterior, nem sobre serviços prestados a destinatários no exterior, **assegurada a manutenção e o aproveitamento do montante do imposto cobrado nas operações e prestações anteriores**;

Ou seja, a referida alínea, que antes garantia a não incidência do Imposto sobre Circulação de Mercadorias e sobre a Prestação de Serviço de Transporte Interestadual e Intermunicipal e de Comunicação (ICMS) apenas em relação às operações que destinassem produtos industrializados ao exterior, excluindo os semielaborados previstos em lei complementar[3], passou a prever a regra imunizante a toda e qualquer mercadoria e serviços sujeita ao imposto estadual, garantindo ainda, expressamente, o direito ao crédito nas operações anteriores.

Sendo assim, como o Supremo Tribunal Federal, ao definir o alcance do artigo 40 do Ato das Disposições Constitucionais Transitórias, decidiu que mencionado artigo recepcionou a regra do artigo 4º do Decreto-Lei nº 288, de 28 de fevereiro de 1967, que equipara as remessas à Zona Franca de Manaus às operações de exportação para fins de benefício fiscal, significa dizer que as novas regras introduzidas pela Emenda Constitucional nº 42, de 19 de dezembro de 2003, também valem em relação às mercadorias adquiridas pela comercialização e

---

[3] Eis a redação anterior do art. 155, § 2º, X, "a", da Constituição Federal de 1988: "X – não incidirá:
a) sobre operações que destinem ao exterior produtos industrializados, excluídos os semi-elaborados definidos em lei complementar;"

industrialização na referida região de qualquer outro ponto do território nacional. É importante ressaltar que a mencionada emenda constitucional ampliou os benefícios previstos pelo ordenamento jurídico pré-constitucional, o qual já garantia a não incidência do imposto em relação a toda e qualquer remessa de mercadoria para a Zona Franca de Manaus, mas determinava a manutenção dos créditos apenas em relação às matérias-primas, produtos intermediários e materiais de embalagens utilizados na produção desses bens, excluindo desse benefício os estabelecimentos atacadistas que simplesmente revendiam as mercadorias. Sendo assim, como não houve restrição dos benefícios fiscais outorgados pelo conjunto normativo vigente à época da Constituição Federal de 1967, mas a ampliação dos mesmos, o benefício da manutenção integral dos créditos deve também ser garantido às remessas à Zona Franca de Manaus, conforme restou definido no acórdão do Supremo Tribunal Federal da Ação Direta de Inconstitucionalidade nº 310.

No entanto, as autoridades fiscais de diversas Unidades Federadas vêm demonstrando um entendimento diverso daquele exposto acima. Segundo eles, apenas teria efeito vinculante em relação à Administração Pública a parte dispositiva do Acórdão do Supremo Tribunal Federal na Ação Direta de Inconstitucionalidade, que declara a inconstitucionalidade dos Convênios nº 01, 02 e 06 de 1990.

Isso porque, de acordo com o artigo 504 da Lei nº 13.105, de 16 de março de 2015 – Novo Código de Processo Civil (equivalente ao artigo 469 da Lei nº 5.869, de 11 de janeiro de 1973 – Código de Processo Civil de 1973), apenas o dispositivo do acordão faria coisa julgada e não os seus motivos e fundamentos. Confira-se:

> I – os motivos, ainda que importantes para determinar o alcance da parte dispositiva da sentença;

II – a verdade dos fatos, estabelecida como fundamento da sentença.

Sendo assim, a definição do alcance do artigo 40 do Ato das Disposições Constitucionais Transitórias não vincularia a interpretação dada pela a Autoridade Pública Estadual, mas tão somente a declaração de inconstitucionalidade dos ditos Convênios.

Com efeito, como mencionado acima, o Convênio ICMS nº 06, de 30 de maio de 1990, revogava a cláusula terceira do Convênio ICMS nº 65, de 06 de dezembro de 1988, a qual garantia o direito à manutenção dos créditos na entrada de matéria-prima, produtos intermediários e materiais de embalagem relativos aos produtos posteriormente objeto de saída isenta com destino à Zona Franca de Manaus.

E, ao ser julgado inconstitucional, ocorreria a sua repristinação, ou seja, a mencionada cláusula terceira do Convênio ICMS nº 65, de 06 de dezembro de 1988, voltaria a vigorar. Diante disso, apenas os estabelecimentos industriais poderiam manter os créditos apurados em relação a bens destinados à Zona Franca de Manaus, mas não aqueles atacadistas, já que o benefício estaria restrito aos insumos utilizados na fabricação do bem.

Portanto, ainda que o Supremo Tribunal Federal tenha definido que os benefícios fiscais das remessas para a Zona Franca de Manaus são regulamentados pelo Decreto-Lei nº 288, de 28 de fevereiro de 1967, o qual equipara tais operações às de exportação, algumas autoridades fiscais estão ignorando o referido preceito e, se limitando a aplicar do Convênio ICMS nº 65, de 06 de dezembro de 1988.

No entanto, esse entendimento decorre de uma visão muito restrita e formalista dos reais efeitos da decisão do Supremo Tribunal Federal em controle concentrado de constitucionalidade. Pela analise das regras específicas que se aplicam a Ação

Direta de Inconstitucionalidade, bem como alguns conceitos importantes sobre coisa julgada, é possível demonstrar que os efeitos dessa decisão são muito mais amplos do que vem pretendendo as Autoridades Públicas Estaduais.

3. Aspectos Gerais da Ação Direta de Inconstitucionalidade

Nas palavras de José Afonso da Silva, *"a constituição é o conjunto de normas que organiza os elementos constitutivos do Estado"*, ou seja, que estabelece o seu modo de ser, seus órgãos, modo de aquisição de poder e a forma do seu exercício, limites de sua atuação, assegura direitos e garantias aos seus indivíduos, regime político, fins socioeconômicos, princípios. Enfim é a lei fundamental e suprema do Estado brasileiro.

Dentro do quadro de hierarquia das normas, a Constituição encontra-se no topo, sendo obrigação das leis promulgadas pelo poder constituído a observância das regras e fundamentos básicos integrantes do texto constitucional. As normas que se encontram em desacordo com a Carta Magna diz-se inconstitucionais, ou seja, estão em desacordo com os preceitos básicos do funcionamento do Estado.

No entanto, mesmo após a análise criteriosa realizada no decorrer do processo legislativo a respeito da compatibilidade do dispositivo que se pretende inaugurar face ao sistema já posto, por interesses que estão no plano de fundo do ato de legislar, pode ocorrer de serem aprovados textos legais cuja validade face a constituição seja questionável.

Diante disso, é necessário que se ponha à disposição daqueles afetados pela norma mecanismos para ativar o controle constitucional e fazer valer as regras e os direitos previstos na carta fundamental.

Com efeito, a Constituição Federal de 1988 prevê em seu artigo 103 a Ação de Direta de Inconstitucionalidade, que tem por fim sanear o ordenamento jurídico, retirando as normas jurídicas inseridas após processo legislativo que sejam incompatíveis com os fundamentos básicos do Estado constitucionalmente previstos.

A competência para seu ajuizamento foi outorgada ao Procurador-Geral de República, ao Presidente da República, à Mesa da Câmara dos Debutados, à Mesa do Senado Federal, aos Governadores de Estado ou do Distrito Federal, à Mesa das Assembleias Legislativas dos Estados ou Câmara Legislativa do Distrito Federal, ao Conselho da Ordem dos Advogados do Brasil, aos Partidos Políticos com representação no Congresso Nacional e à Confederação Sindical ou Entidade de Classe no âmbito nacional.

Esta ação veio a ser regulamentada pela Lei nº 9.868, de 10 de novembro de 1999, que trata de todas as etapas do processo de julgamento da Ação Direta de Inconstitucionalidade, a ser proposta diretamente ao Supremo Tribunal Federal, atual guardião da Carta Magna. E dentre as questões regulamentadas pela mencionada lei, é de profunda importância para o presente trabalho, aquela relativas aos efeitos da decisão de declaração de inconstitucionalidade.

Pois bem, o artigo 27 da referida Lei estabelece que, uma vez promulgada a inconstitucionalidade ou a constitucionalidade da lei, a ação será julgada procedente ou improcedente, respectivamente, e serão notificadas as autoridades ou órgãos responsáveis pela expedição do ato.

Por sua vez, o artigo 28 da Lei nº 9.868, de 1993, estabelece que a parte dispositiva do acórdão deverá ser publicada no Diário da Justiça e no Diário Oficial da União dentro de dez dias após o trânsito em julgado da decisão do Supremo, sendo que seu parágrafo único esclarece que:

"Parágrafo único: A declaração de constitucionalidade ou de inconstitucionalidade, inclusive interpretação conforme a Constituição e a declaração parcial de inconstitucionalidade sem redução de texto, **têm eficácia contra todos e efeito vinculante em relação aos órgãos do Poder Judiciário e à Administração Pública federal, estadual e municipal**". (destaquei)

Como se vê, o referido dispositivo prescreve que a declaração de inconstitucionalidade ou constitucionalidade de norma terá efeitos vinculantes perante aos órgãos do Poder Judiciário ou da Administração Pública, o que significa dizer que as decisões judiciais deverão estar em consonância com o que restou decidido na referida ação e as autoridades públicas deverão se pautar na referida decisão.

Muito embora o caput do artigo 28 diga que a publicação será apenas do dispositivo, o seu parágrafo único não limita à vinculação ao dispositivo do acórdão, mas a declaração de inconstitucionalidade em si. E, para haver declaração de inconstitucionalidade é necessário que se tenha a definição do alcance do dispositivo constitucional que se entende infringido. Ademais, é essencial que a Administração Pública não apenas deixe de aplicar a lei inconstitucional, como também incorpore para si a definição dada pelo Supremo Tribunal Federal à norma constitucional infringida, até mesmo para evitar que ocorram novas inconstitucionalidades.

De todo modo, sendo o acórdão de Ação Direta de Inconstitucionalidade uma decisão judicial, é imperioso analisar o conceito e a extensão da coisa julgada, antes de se chegar a uma conclusão.

4. A Coisa Julgada

A garantia da coisa julgada está prevista em nosso ordenamento jurídico entre os direitos e garantias fundamentais do individuo elencados nos incisos do artigo 5º da Constituição Federal de 1988. Os direitos e garantias fundamentais constituem direitos intrínsecos à dignidade da pessoa humana, i.e., são regras que visam à proteção do indivíduo.

E diante da importância dessas regras para um Estado de Direito justo e seguro, o poder constituinte, cujos membros vivenciaram, por anos, os abusos cometidos por um Estado Ditatorial, entenderam que não havia lugar melhor para inserir tais fundamentos do que na Carta Suprema, que é a regra máxima de organização e limitação do poder do Estado.

Além de estarem previstas no topo da hierarquia das normas do ordenamento jurídico brasileiro, o que por si só já impediria a sua revogação ou restrição por meio de lei ordinária, o fato é que os direitos e garantias fundamentar foram concebidos pelo § 4º do artigo 60 da Constituição Federal de 1988 como cláusulas pétreas, que não podem ser anuladas nem mesmo por meio de Emenda Constitucional:

> Art. 60. A Constituição poderá ser emendada mediante proposta: I – de um terço, no mínimo, dos membros da Câmara dos Deputados ou do Senado Federal; II – do Presidente da República;
>
> III – de mais da metade das Assembléias Legislativas das unidades da Federação, manifestando-se, cada uma delas, pela maioria relativa de seus membros.
>
> § 1º A Constituição não poderá ser emendada na vigência de intervenção federal, de estado de defesa ou de estado de sítio.
>
> § 2º A proposta será discutida e votada em cada Casa do Congresso Nacional, em dois turnos, considerando-se aprovada se obtiver, em ambos, três quintos dos votos dos respectivos membros.
>
> § 3º A emenda à Constituição será promulgada pelas Mesas da Câmara dos Deputados e do Senado Federal, com o respectivo número de ordem.
>
> § 4º Não será objeto de deliberação a proposta de emenda tendente a abolir:

I – a forma federativa de Estado;
II– o voto direto, secreto, universal e periódico; III – a separação dos Poderes;
IV – os direitos e garantias individuais.

Portanto, os direitos e garantias fundamentais são considerados cláusulas pétreas, i.e., dispositivos constitucionais que, por sua importância e relevância, são inseridos no rol de regras não passíveis de revisão, são regras imutáveis.

Apesar de assegurar a coisa julgada, a Constituição Federal não traz qualquer definição do que seria esse instituto, nem sua extensão.

Por outro lado, não se pode olvidar que, quando da elaboração da Constituição Federal de 1988, já existia um ordenamento jurídico sedimentado, bem como conceitos jurídicos consolidados pela legislação que o compunha. Por conseguinte, é evidente que o poder constituinte original, ao elaborar a Constituição Federal de 1988, acabou se utilizando de termos jurídicos que já eram conhecidos e cujos significados estavam inseridos na legislação pré-constitucional.

Foi o que aconteceu com a expressão "coisa julgada". No caso, a Lei nº 4.657, de 4 de setembro de 1942 (Lei de Introdução ao Código Civil Brasileiro), que foi, inclusive, recepcionada pela Constituição Federal de 1988 (atualmente denominada Lei de Introdução às Normas do Direito Brasileiro, em razão de alteração realizada pela Lei nº 12.376, de 2010) já propunha um conceito do instituto da coisa julgada.

A referida lei constitui cartilha sobre as regras gerais de aplicação das normas jurídicas brasileiras, tanto no seu aspecto temporal quanto territorial e, ao tratar dos efeitos temporais da lei quando da sua entrada em vigor, determina no seu artigo 6º, com redação dada pela Lei nº 3.238, de 1º de agosto de 1957, que a norma recém criada **deve respeitar a coisa julgada**. Confira-se:

Art. 6º A Lei em vigor terá efeito imediato e geral, respeitados o ato jurídico perfeito, o direito adquirido e a coisa julgada.

§ 1º Reputa-se ato jurídico perfeito o já consumado segundo a lei vigente ao tempo em que se efetuou.

§ 2º Consideram-se adquiridos assim os direitos que o seu titular, ou alguém por êle, possa exercer, como aquêles cujo começo do exercício tenha têrmo pré-fixo, ou condição pré-estabelecida inalterável, a arbítrio de outrem.

§ 3º Chama-se coisa julgada ou caso julgado a decisão judicial de que já não caiba recurso.

Ou seja, as novas regras inseridas no ordenamento jurídico por meio de edição de lei não podem se sobrepor ao ato jurídico perfeito, ao direito adquirido e à coisa julgada. E, no que se refere à coisa julgada, o parágrafo terceiro do mencionado dispositivo a define como a decisão judicial que em relação ao qual não caiba mais recurso, ou seja, a decisão judicial imutável. De fato, ao se analisar a mera expressão "coisa julgada" já é possível ter ideia de que se trata de algo que já passou por julgamento, questão já decidia pelo poder jurisdicional do Estado, sob a qual não cabe mais discussão.

Além do que dispõe a referida lei, o conceito de coisa julgada também veio a ser delimitado pelo Código de Processo Civil de 1973 (Lei nº 5.869, de 11 de janeiro de 1973), mais precisamente nos seus artigos 467 e seguintes, como pode se verificar de sua transcrição abaixo:

Art. 467. Denomina-se **coisa julgada material a eficácia, que torna imutável e indiscutível a sentença, não mais sujeita a recurso ordinário ou extraordinário**.

Art. 468. A sentença, que julgar total ou parcialmente a lide, **tem força de lei nos limites da lide e das questões decididas**.

Art. 469. Não fazem coisa julgada:

I – os motivos, ainda que importantes para determinar o alcance da parte dispositiva da sentença;

II – a verdade dos fatos, estabelecida como fundamento da sentença;

III – a apreciação da questão prejudicial, decidida incidentemente no processo.

É importante notar que o artigo 467 do Código de Processo Civil de 1973, ao tratar do instituto se refere à "coisa julgada material", que é a sentença de mérito transitada em julgado, ou seja, aquela passível de rescisão nos termos do artigo 485 do Código de Processo Civil de 1973.

Ressalte-se que as teorias a respeito da natureza da coisa jurídica, se efeito da sentença, se qualidade ou se situação jurídica, introduzidas pelos ilustres doutrinadores Konrad Hellwig, Enrico Túlio Liebman e José Carlos Barbosa Moreira, respectivamente, não serão tratadas no presente trabalho, por não serem pertinentes à sua conclusão. Não obstante, uma vez que se pretende averiguar a extensão dos efeitos do acórdão de uma Ação Direta de Inconstitucionalidade, é importante se delimitar os limites objetivos da coisa julgada.

Pela leitura dos artigos 468 e 469, verifica-se que o Código de Processo Civil de 1973 delimita a coisa julgada em torno dos "limites da lide" e das "questões decididas", mas exclui de sua abrangência a motivação das decisões, mesmo que importantes para delimitar a parte dispositiva, e as verdades dos fatos utilizados como fundamento, bem como a apreciação de questão prejudicial que viesse a ser decidida incidentalmente no processo.

Sobre a questão dos limites objetivos da coisa julgada revelados nos artigos 468 e 469 do Código de Processo Civil de 1973, Rodrigo Chinini Mojica explica que:

Levando-se em conta a dicção dos artigos acima referidos, notamos que, para o legislador processual, os limites objetivos da coisa julgada devem ser observados a partir da lide e das questões a ela pertinentes, de modo que a questão litigiosa objeto de resolução pelo Poder Judiciário consiste no ponto de apoio da norma individual e concreta em relação a qual se projetarão os atributos da imutabilidade e da indiscutibilidade.

Nada obstante a terminologia que foi utilizada pelo legislador processual, cumpre alertar que, quando analisamos as expressões 'limites da lide' e 'questões decididas' (CPC, art. 468), o problema fundamental da temática dos 'limites objetivos da coisa julgada' insere-se na adequada identificação do objeto do processo.

Nessa perspectiva, o que individualiza, objetivamente, a coisa julgada material são os próprios elementos objetivos da ação, quais sejam: a causa de pedir e o pedido, sendo este, portanto, o objeto de todo e qualquer processo. Conforme bem anota Ernane Fidélis dos Santos, o vocábulo 'lide', para efeitos de compreensão do artigo 468 do Código de Processo Civil, 'encontra limitas objetivos do pedido e na causa de pedir'.

Pela leitura dos dispositivos acima transcritos, verifica-se que a legislação processual civil tratou do instituto da coisa julgada como sendo um efeito da sentença que a torna imutável, impassível de discussão, irrecorrível, seja por meio de recurso ordinário ou extraordinário. Além disso, a sentença, então imutável, faz lei entre as partes nos limites da lide e **das questões decididas**.

Portanto, o que restar decido em decisão judicial que não seja mais passível de recurso, seja pela preclusão consumativa ou pela ausência de previsão legal, deverão se aplicadas entre as partes da lide obrigatoriamente, como se lei fosse. E a relação jurídica uma vez resolvida não poderá ser mais uma vez discutida, ressalvado apenas os casos de rescisão da ação judicial transitada em julgado, por meio da propositura de Ação Rescisória, prevista no artigo 485 do mencionado Código de Processo Civil de 1973.

Por outro lado, o artigo 469 retira dos efeitos da coisa julgada o motivo e a verdade dos fatos utilizados como razões de decidir da decisão judicial.

Nesse contexto, é importante esclarecer que, nos termos do artigo 458 do Código de Processo Civil de 1973, a sentença, em sentido lato, é divida em (i) relatório, onde constará a identificação das partes, a síntese do pedido, da resposta do réu e os registros das principais ocorrências avidas no processo; (ii) os fundamentos, onde haverá a análise das questões de fato e de direito; e (iii) em que o juiz resolverá a questões, que as partes lhe submeteram.

Com efeito, o artigo 469 acaba retirando do âmbito da coisa julgada a parte da decisão judicial referida no item (ii) da sentença, onde consta, exatamente, a delimitação das questões de direito necessárias à resolução do conflito e a procedência ou não do pedido do autor.

Por sua vez, o Novo Código de Processo Civil, ao tratar dos limites da coisa julgada, manteve redação muito parecida com o Código de Processo Civil de 1973:

> Art. 503. A decisão que julgar total ou parcialmente o mérito tem força de lei nos limites da questão principal expressamente decidida.
>
> § 1o O disposto no caput aplica-se à resolução de questão prejudicial, decidida expressa e incidentemente no processo, se:
>
> I – dessa resolução depender o julgamento do mérito;
>
> II – a seu respeito tiver havido contraditório prévio e efetivo, não se aplicando no caso de revelia;
>
> III – o juízo tiver competência em razão da matéria e da pessoa para resolvê-la como questão principal.
>
> § 2º A hipótese do § 1o não se aplica se no processo houver restrições probatórias ou limitações à cognição que impeçam o aprofundamento da análise da questão prejudicial.

Art. 504. Não fazem coisa julgada:
I – os motivos, ainda que importantes para determinar o alcance da parte dispositiva da sentença;
II – a verdade dos fatos, estabelecida como fundamento da sentença.

Como se vê, o artigo 504 do Novo Código de Processo Civil manteve a exclusão dos motivos e dos fatos do âmbito da imutabilidade da coisa julgada. Consequentemente, tal fato levaria a conclusão de que a interpretação das autoridades fazendárias estaria correta ao ignorarem a definição do alcance do artigo 40 dos Atos das Disposições Constitucionais Transitórias e simplesmente aplicarem o dispositivo do acórdão da Ação Direta de Inconstitucionalidade nº 310, que declarou a inconstitucionalidade do Convênio nº 06, de 1990.

Contudo, não se pode desconsiderar que as decisões dos Tribunais Superiores possuem função norteadora de condutas. Os indivíduos, uma vez cientes do posicionamento do Supremo Tribunal Federal acabam condicionando seus atos de acordo as definições por ele estabelecidas nas normas constitucionais.

Nesse contexto, o Novo Código de Processo trouxe uma novidade em relação às Ações Direta de Inconstitucionalidade. Nos termos do § 4º do artigo 988, passa a ser cabível o ingresso de Reclamação perante a Corte Suprema para garantir a observância de decisão proferida por este Tribunal em controle concentrado de constitucionalidade, inclusive em casos de aplicação indevida da tese jurídica que fundamentou a decisão. Eis a transcrição do referido dispositivo:

Art. 988. Caberá reclamação da parte interessada ou do Ministério Público para:
(...)

III – garantir a observância de enunciado de súmula vinculante e de decisão do Supremo Tribunal Federal em controle concentrado de constitucionalidade;

(...)

§ 4º As hipóteses dos incisos III e IV compreendem a aplicação indevida da tese jurídica e sua não aplicação aos casos que a ela correspondam.

Desse modo, ainda que sob a égide no Código de Processo Civil de 1973 pudesse existir questionamentos a respeito da vinculação da fundamentação de acórdão de Ação Direta de Inconstitucionalidade, o fato é que com a entrada em vigor do Novo Código de Processo Civil não restam mais dúvidas que as questões de direito definidas pelo Supremo Tribunal Federal em controle concentrado de constitucionalidade devem ser observadas, sendo possível, inclusive, ajuizamento de reclamação.

Conclusão

Como exposto no presente trabalho, o Supremo Tribunal Federal, ao julgar a Ação Direta de Inconstitucionalidade nº 310 definiu o alcance no texto do artigo 40 do Ato das Disposições Constitucionais Transitórias que determina a manutenção da Zona Franca de Manaus com características de área de livre comércio, de exportação e de importação e de benefícios fiscais. Segundo o referido tribunal, tal dispositivo teve por fim a recepção dos benefícios fiscais existentes para aquela região no momento da promulgação da Constituição Federal de 1988, sendo que, no âmbito do Imposto sobre a Circulação de Mercadorias e sobre a Prestação de Serviços de Transporte Interestadual e Intermunicipal e de Comunicação (ICMS), o dispositivo recepcionado seria o artigo 4º do Decreto-Lei nº 288, de 28 de fevereiro de 1967, que equiparou as remessa à Zona Franca de Manaus, às operações de exportação.

Ficou decidido, ainda, que ficariam garantidos, pelo menos, os benefícios fiscais das exportações sob a égide da Constituição Federal de 1967, sendo possível a aplicação apenas das regras instituídas pela Constituição Federal de 1988 para as remessas de mercadorias ao exterior que ampliassem esses benefícios.

Por essa razão, uma vez que a Emenda Constitucional nº 42, de 19 de dezembro de 2003, ampliou os benefícios aplicáveis às remessas mercadorias ao exterior, prevendo, expressamente, o direito ao aproveitamento do crédito do imposto em relação às operações anteriores, tal regra deve ser aplicada automaticamente às remessas à Zona Franca de Manaus, na medida em que equiparadas às operações de exportação.

Sendo assim, a partir da edição da referida Emenda Constitucional o direito à manutenção de créditos em relação às saídas de mercadorias com destino à Zona Franca de Manaus não só em relação aos insumos utilizados por estabelecimentos industriais, como também em relação às mercadorias adquiridas para revenda por estabelecimentos atacadistas.

Não merece prosperar o argumento que vem sem utilizado pelas autoridades fiscais no sentido de que os fundamentos do Acórdão da Ação Direta de Inconstitucionalidade não vincularia seus atos e que, portanto, a Administração Pública Estadual estaria adstrita aos benefícios previstos pelo Convênio ICMS nº 65, de 1988, o qual teria voltado a vigorar após a declaração de inconstitucionalidade do Convênio ICMS 06, de 1990.

Isso porque, com a entrada em vigor do Novo Código de Processo Civil, as teses jurídicas consolidadas no julgamento de Ações Diretas de Inconstitucionalidade passaram a ser de observância obrigatória, sendo, inclusive, cabível o ajuizamento de Reclamação, nos termos do artigo 988 daquele código.

Por essa razão, as autoridades administrativas estão obrigadas a reconhecer a equiparação das saídas à Zona Franca de Manaus às operações de exportação, bem como o direito ao benefício da manutenção do crédito do imposto cobrado em relação às operações anteriores, garantido pela Emenda Constitucional nº 42, de 2003.

Referências

Aragão, Egas Moniz de. Sentença e coisa julgada. Rio de Janeiro: Editora Aide, 1992

Assis, Araken de. Doutrina pratica do processo civil contemporâneo. São Paulo. Revista dos Tribunais. 2001

Bonavides, Paulo. Curso de direito constitucional. 6ª edição. São Paulo. Malheiros, 1996.

Buzaid, Alfredo. Da ação direta de inconstitucionalidade no direito brasileiro. São Paulo: Saraiva, 1958

Cintra, Antonio Carlos de Araujo. Teoria Geral do Processo. 18ª edição. São Paulo, Malheiros, 2002

Didier Jr., Fredie. Curso de Direito Processual Civil vol 1, 14ª Ed.Bahia: Editora JusPODIVM, 2012.

Donizetti, Elpídio. Curso Didático de Direito Processual Civil. 9ª edição, 2008, Editora Lúmen Juris.

Ferrari, Regina Maria Macedo Nery. Efeitos da declaração de inconstitucionalidade 3ª edição. São Paulo: Revista dos Tribunais

Fux, Luiz (coordenador). O Novo Processo Civil Brasileiro Direito em Expectativa (Reflexões sobre o Projeto do novo CPC). Rio de Janeiro, Forense, 2011.

Fux, Luiz – Teoria Geral do processo civil. Rio de Janeiro: Editora Forense, 2014.

Garcia, Etelvina. Zona Franca de Manaus: história, conquistas e desafios. Manaus, Norma / Suframa, 2004.

Greco, Leonardo. Instituições de processo civil. Rio de Janeiro: Forense, 2010 v.1

Moraes, Alexandre. Direito Constitucional. 10 ed. São Paulo: Atlas. 2007, p. 734.

Marinoni, Luiz Guilherme. Teoria Geral do Processo. São Paulo: Editora RT, 2013.

Marinoni, Luiz Guilherme. O Projeto do CPC. Crítica e propostas. São Paulo, Editora Revista dos Tribunais, 2010.

Marinoni, Luiz Guilherme. Código de Processo Civil. Comentado artigo por artigo. 2ª. Edição revista, atualizada e ampliada. São Paulo, Revista dos Tribunais, 2010.

Mojica, Rodrigo Chimini – Coisa Julgada em matéria tributária e seus mecanismos de revisão – São Paulo: Editora Verbatim, 2011

Navarro, Erik. Material Didático Curso Ênfase. Aula sobre Projeto do Novo CPC.

Exposição de Motivos do Novo CPC enviada em 08 de junho de 2010.

Oliveira, Antônio Pereira de. Zona Franca de Manaus: análise dos discursos intelectuais nas categorias Estado e desenvolvimento regional. Manaus, Dissertação de mestrado apresentada ao Programa de Pós-Graduação em Sociedade e Cultura na Amazônia, da Universidade Federal do Amazonas, 2001.

Ribeiro, Rodrigo Koelher. Uma análise da cosia julgada e questões prejudiciais no projeto do novo Código de Processo Civil sob a ótica de um processo efetivo.

Silva, Ovídio Araújo Baptista da. Sentença e Coisa julgada, Porto Alegre: Fabris, 1995.

Silva, Jose Afonso da. Curso de direito constitucional positivo. 19ª Edição São Paulo – Malheiros, 2001

Theodoro Junior, Humberto – Curso de Direito Processual Civil – Processo de Execução e Cumprimento de Sentença, Processo Cautelar e Tutela de Urgência – Rio de Janeiro: Forense, 2010

Theodoro Junior, Humberto. A Reforma da Execução do Título Extra- judicial – Lei nº 11.382, de 06 de dezembro de 2006. Rio de Janeiro: Forense, 2007.

Wambier, Luiz Rodrigues (coord.); Almeida, Flavio Renato Correia de; Talamini, Eduardo. Curso avançado de processo civil, v. 2. 9. ed. rev. ampl. e atual. São Paulo: Revista dos Tribunais, 2007.

Wambier, Luiz Rodrigues; Wambier, Teresa Arruda Alvim; Medina, José Miguel Garcia. Breves comentários à nova sistemática processual civil, v. 3, São Paulo: Revista dos Tribunais, 2007.

Zavasxki, Teori Albino. Eficácia da sentença na jurisdição constitucional. São Paulo: Revista dos Tribunais, 2001.

Documento Jurídico

BRASIL. Supremo Tribunal Federal. Declaração de Inconstitucionalidade dos Convênios ICMS nº 01, 02 e 06 de 1990 que restringiram benefícios fiscais concedidos à Zona Franca de Manaus. Relatora: Ministra Carmen Lúcia. Brasília. 19 fev. 2014. Disponível em: http://redir.stf.jus.br/paginadorpub/paginador.jsp?docTP=TP&docID=6671640

BRASIL. Constituição (1967). Constituição da República Federativa do Brasil. Brasília, DF, 1967.

BRASIL. Lei nº 3.173, de 06 de junho de 1957. Cria uma zona franca na cidade de Manaus, capital do Estado do Amazonas, e dá outras providências. Brasília, DF, 1957

BRASIL. Decreto-Lei nº 288, de 28 de fevereiro de 1967. Altera as disposições da Lei número 3.173 de 6 de junho de 1957 e regula a Zona Franca de Manaus. Brasília, DF, 1967

BRASIL. Decreto-Lei nº 406, de 31 de dezembro de 1968. Estabelece normas gerais de direito financeiro, aplicáveis aos impostos sôbre operações relativas à circulação de mercadorias e sôbre serviços de qualquer natureza, e dá outras providências. Brasília, DF, 1968.

BRASIL. Lei nº 5.869, de 11 de janeiro de 1973. Código de Processo Civil. Brasília, DF, 1973

BRASIL. Constituição (1988). Constituição da República Federativa do Brasil. Brasília, DF, 1988.

BRASIL. Lei nº 9.868, de 10 de novembro de 2008. Código de Processo Civil. Brasília, DF, 2008

BRASIL. Lei nº 13.105, de 16 de março de 2015. Código de Processo Civil. Brasília, DF, 2015

A (Des)Necessária Sincronia na Concessão de Subvenções para Investimento
Questionamentos à Instrução Normativa nº 1.700/17

Marcus Furlan

Introdução

Historicamente, o Poder Público brasileiro como um todo – aqui englobado as esferas Federal, Estadual e Municipal – concede uma série de incentivos fiscais aos mais variados setores da economia, denominados subvenções.

Nas esferas estadual e municipal, citadas subvenções geralmente têm como principal objetivo atrair investimentos aos seus respectivos territórios e ocorrem das mais variadas formas; desde concessão de juros reduzidos em empréstimos de capital até a concessão de créditos presumidos para formação de caixa pelas empresas.

Na esfera federal, geralmente decorrem de pressões externas e têm como objetivo fomentar determinados setores estratégicos.

Pois bem.

Ao receber eventual auxílio econômico de fontes externas, a pessoa jurídica beneficiária acaba por aferir incremento em seu resultado.

Neste contexto, *mister* ressaltar os termos do Pronunciamento Técnico CPC n. 07, o qual aponta as razões contábeis pelas quais se determina a contabilização das subvenções em contas de resultado.

15. O tratamento contábil da subvenção governamental como receita deriva dos seguintes principais argumentos:

(a) uma vez que a subvenção governamental é recebida de uma fonte que não os acionistas e deriva de ato de gestão em benefício da entidade, não deve ser creditada diretamente no patrimônio líquido, mas, sim, reconhecida como receita nos períodos apropriados;

(b) subvenção governamental raramente é gratuita. A entidade ganha efetivamente essa receita quando cumpre as regras das subvenções e cumpre determinadas obrigações. A subvenção, dessa forma, deve ser reconhecida como receita na demonstração do resultado nos períodos ao longo dos quais a entidade reconhece os custos relacionados à subvenção que são objeto de compensação;

(c) assim como os tributos são despesas reconhecidas na demonstração do resultado, é lógico registrar a subvenção governamental que é, em essência, uma extensão da política fiscal, como receita na demonstração do resultado.

Nos casos de subvenção incondicional, isto é, quando o valor recebido independe de qualquer obrigação adicional futura, o reconhecimento contábil da receita deverá ser imediato.

Assim, na hipótese em que a subvenção é dada mediante o não pagamento de tributo, sem a imposição de compromissos de investimentos ou outras obrigações a serem futuramente cumpridas pela pessoa subvencionada, quando da contabilização da despesa com o tributo, a pessoa subvencionada deverá realizar também lançamento redutor de despesa em contrapartida a uma receita de subvenção.

Por seu turno, nos casos de subvenção em que há a necessidade de contraprestação a ser realizada pela pessoa subvencionada, somente após o cumprimento dessas obrigações deve haver o reconhecimento contábil da receita de subvenção.

Neste contexto, transcreve-se a seguir exemplo contido no "Manual de Contabilidade Societária – FIPECAFI"[1].

Assim, se uma empresa recebe uma subvenção de uma prefeitura na forma de um terreno a ser utilizado para construção de uma fábrica, e a legislação e/ou contratação dizem que esse terreno será da empresa unicamente após passados dez anos, e desde que ela gere pelo menos 1.000 novos empregos, a entidade deverá então contabilizar o terreno no seu imobilizado assim que adquirir sua posse, seu controle e puder utilizá-lo para as finalidades negociadas (não a sua propriedade que ainda não será transferida). O valor de registro deverá ser o valor justo (...)

A contrapartida desse registro será uma conta de Passivo, ou uma conta de Ativo retificadora do próprio Imobilizado (as duas alternativas aceitas). Dessa conta será feita **a transferência ao resultado da empresa tão somente quando forem eliminadas todas as restrições que impeçam a plena e final incorporação desse terreno ao patrimônio da companhia.**

Superada a questão contábil, é certo que ao transitar pelo resultado, os valores subvencionados poderão ser objeto de tributação pelo Imposto de Renda, pela Contribuição Social sobre o Lucro Líquido, pela contribuição ao PIS e pela COFINS. E se diz poderão, pois as normas aplicáveis – Lei n. 4.506/76 e Lei n. 12.973/14 – preveem tratamentos tributários distintos a depender da natureza da subvenção.

Se classificadas como "subvenções para custeio", assim entendidas aquelas destinadas ao desenvolvimento hodierno

---

[1] MARTINS, Eliseu; SANTOS, Ariovaldo dos; IUDÍCIBUS, Sérgio de. **Manual de Contabilidade Societária**. 2ª ed. Atlas. São Paulo: 2013.p.426. (grifos nossos)

das atividades da pessoa jurídica, os valores deverão ser regularmente oferecidos à tributação, nos termos do artigo 44, da Lei n.4.506/64.

Por outro lado, caso sejam classificadas como "subvenções para investimento", há autorização legal para que não sejam tributadas, desde que observados os requisitos previstos no artigo 30 da Lei n. 12.973/14.

Ocorre, todavia, que a partir da análise de Soluções de Consulta exaradas nos últimos anos é possível concluir posicionamento da Receita Federal do Brasil no sentido de exigir outros requisitos além daqueles previstos no artigo 30, da Lei n. 12.973/14, para não se tributar as subvenções para investimento.

Neste sentido, cita-se a Solução de Consulta COSIT de n. 336/14, por meio da qual a Receita Federal firmou posicionamento no sentido de que subvenções, para serem consideradas como sendo para investimento, devem observar – além dos requisitos previstos na Lei n. 12.973/14 – perfeita sincronia entre sua concessão e a efetiva aplicação pela beneficiada.

Ato contínuo, no exercício de 2015 a Receita Federal do Brasil normatizou seu entendimento acima relativo à necessidade de sincronia entre a concessão da subvenção e sua utilização pela pessoa subvencionada e manteve este entendimento no parágrafo sétimo do artigo 198, da Instrução Normativa 1.700/17.

§ 7º Não poderá ser excluída da apuração do lucro real e do resultado ajustado a subvenção recebida do Poder Público, em função de benefício fiscal, quando os recursos puderem ser livremente movimentados pelo beneficiário, isto é, quando não houver obrigatoriedade de aplicação da totalidade dos recursos na aquisição de bens ou direitos necessários à implantação ou expansão de empreendimento econômico, inexistindo sincronia e vinculação entre a percepção da vantagem e a aplicação dos recursos.

Diante dos fatos acima, observa-se potencial ilegalidade do parágrafo sétimo, do artigo 198, da Instrução Normativa n. 1.700/17, em razão da extrapolação da Receita Federal do Brasil em detrimento dos limites da Lei n. 12.973/14.

Assim, o presente estudo tem como principal objetivo aferir a efetiva existência de bases legais que amparem a exigência trazida pelo parágrafo sétimo, do artigo 198, da Instrução Normativa n. 1.700/17, ao impor o efetivo sincronismo como um requisito para classificar determinada subvenção como para investimento.

Para tanto, serão abordados aspectos históricos e as principais características das subvenções, seguido da análise das normas aplicáveis e o conseguinte tratamento tributário destas benesses para então se analisar a efetiva necessidade ou não de se observar o sincronismo como requisito válido para classificação de determinada subvenção como sendo para investimento.

Por fim, serão analisadas decisões proferidas na esfera administrativa, a fim de ser testar a aceitação do posicionamento aqui defendido, pelo Conselho Administrativo de Recursos Fiscais (CARF).

1. Subvenções – Naturezas e Características

Em determinadas situações, o capital social da pessoa jurídica pode ser composto por ingressos externos que não derivam da atividade de seu titular ou sócios, nem mesmo do emprego de recursos que compõem o seu patrimônio. É o que ocorre, por exemplo, com as doações, ágios de subscrição de capital e as subvenções[2].

---

[2] Sob a ótica contábil, a conta representativa do capital é a contrapartida, no patrimônio líquido da pessoa jurídica, dos recursos com os quais ele foi integralizado pelos sócios e que estão em uma das contas do ativo. O capital social não se classifica como passivo da sociedade para com os sócios, visto que estes integram o patrimônio da sociedade, estando disponível aos sócios apenas e tão somente quando houver uma das situações definidas em lei, tais

Com relação às subvenções, o dicionário Houaiss as conceitua como um *"subsídio ou auxílio pecuniário, em geral conferido pelos poderes públicos"*[3].

Na mesma linha, De Plácido e Silva, em seu "Vocabulário Jurídico"[4], confere uma conceituação técnico-jurídica ao termo. Neste sentido:

> Do latim subventio, de subvenire (vir em socorro, ajudar), entende-se o auxílio, ou a ajuda pecuniária que se dá a alguém, ou a alguma instituição, no sentido de os proteger, ou para que realizem ou cumpram seus objetivos.
>
> Juridicamente, a subvenção não tem o caráter nem de paga, nem de compensação. É mera contribuição pecuniária destinada a auxílio ou em favor de uma pessoa, ou de uma instituição, para que se mantenha, ou para que execute os serviços ou obras pertinentes a seu objeto.
>
> Ao Estado, em regra, cabe o dever de subvencionar instituições que realizem serviços, ou obras de interesse público, o qual, para isso, dispõe em leis especiais as normas que devem ser atendidas para a concessão, ou obtenção, de semelhantes auxílios, geralmente anuais.

---

como liquidação da pessoa jurídica, redução de capital, dentre outras. Por seu turno, as subvenções se equiparam ao capital social por também virem de fora e sem qualquer participação do patrimônio societário ou do seu titular, apenas se distinguindo do capital social por não atribuírem qualquer direito aos sócios.

[3] Acessado de forma eletrônica em 18.06.2016, em http://houaiss.uol.com.br/busca?palavra=subven%25C3%25A7%25C3%25A3o

[4] SILVA, De Plácido e. **Vocabulário Jurídico**/Atualizadores Nagib Slaibi Filho e Priscila Pereira Vasques Gomes. 30ed. – Rio de Janeiro: Forense, 2013.

PIZOLIO[5], por sua vez, resume a subvenção como:

(...) nada de extraordinário, constituindo-se, antes, em relevante instrumento à disposição do Poder Público, para que este possa estimular determinadas atividades, operações e empreendimentos que encontram sua razão de ser na satisfação de determinados interesses públicos.

Outros doutrinadores, por seu turno, apontam similaridades entre as subvenções e doações, sendo a primeira no âmbito do direito público e a segunda no direito privado.

Neste sentido é a afirmativa de BORGES[6], amparada pelos ensinamentos de Geraldo Ataliba e Celso Antônio Bandeira de Mello.

(...) a subvenção, em Direito Civil, constitua uma forma de doação, caracterizando-se, portanto, pelo seu caráter não compensatório, no Direito Público, particularmente no Direito Financeiro, embora também se revista de caráter não contraprestacional. A sua gratuidade não exclui então, como no requisito de legitimidade, a ocorrência do interesse público.

Do mesmo modo, MARTINS[7] assim define a subvenção:

(...) a toda evidência, a subvenção (termo em regra utilizado para denominar transferência de recursos de poderes públicos

---

[5] PIZOLIO, Reinaldo. Imposto de Renda Pessoa Jurídica e Subvenções para Investimento. Artigo in Revista Dialética de Direito Tributário, v. 52. São Paulo: Dialética, 2002, p. 149.

[6] BORGES, José Souto Maior, "Subvenção financeira, isenção e dedução tributárias". Revista de Direito Público n.41/42. Revista dos Tribunais: São Paulo:1977.p.51

[7] *In* Revista de Direito Tributário nº 61. "Incentivos a Investimentos (isenção ou redução de impostos – tratamento jurídico-contábil aplicável". P.176.

para pessoas jurídicas privadas ou instituições) ajusta-se ao conceito de doação prescrito no Código Civil: 'Art. 1.165. Considera-se doação o contrato em que uma pessoa, por liberalidade, transfere do seu patrimônio bens ou vantagens para o de outra, que os aceita'

Por seu turno, Ricardo Mariz de Oliveira complementa a equiparação entre subvenção e doação ao aduzir que aquela, a subvenção, *"representa recebimentos gratuitos, não remuneratórios e não contraprestacionais, embora (...) tenha como pressuposto, para ser concedida, a existência do interesse público."*[8]

Conforme se observa do acima, subvenções podem ser caracterizadas como espécies de doações realizadas pelo Poder Público em face do setor privado quando presente, principalmente, o requisito do interesse público.

Historicamente, a matéria relativa às subvenções foi tratada no âmbito do direito financeiro/orçamentário. Assim, no artigo 12, §3º, da Lei nº 4.320/6[9], classificou-se as subvenções como sendo transferências destinadas a cobrir despesas de custeio das entidades beneficiadas, distinguindo-as entre:

i) subvenções sociais, assim entendidas aquelas que se destinem a instituições públicas ou privadas de caráter assistencial ou cultural, sem finalidade lucrativa; e
ii) subvenções econômicas, assim entendidas aquelas destinadas a empresas públicas ou privadas de caráter industrial, comercial, agrícola ou pastoril.

---

[8] OLIVEIRA, Ricardo Mariz de. "Fundamentos do Imposto de Renda" São Paulo: Quartier Latin, 2008.

[9] Responsável por estabelecer as normas gerais para elaboração e controle dos orçamentos e balanços da União, dos Estados, dos Municípios e do Distrito Federal.

No âmbito societário e fiscal, a matéria somente foi abordada a partir do gênero "subvenção econômica", de qual duas espécies foram criadas, quais sejam: "subvenções para custeio" e "subvenções para investimento".
A Lei nº 4.506/64, em seu artigo 44, fez expressa referência às subvenções para custeio ao dispor que:

> **Art. 44.** Integram a receita bruta operacional:
> (...)
> IV. As subvenções correntes, para custeio ou operação, recebidas de pessoas jurídicas de direito púbico ou privado, ou de pessoas naturais.

Oportunamente, quando da edição da Lei Societária ("Lei nº 6.404/76" ou "Lei das S.A."), foi finalmente introduzida a denominação "subvenção para investimento", oportunidade na qual foi reconhecida sua classificação como subespécie do capital social e determinou o seu registro diretamente em conta patrimonial, como "reserva de capital".
Neste sentido era a antiga redação do artigo 182[10], da Lei das S.A..

> **Art. 182.** *A conta do capital social discriminará o montante subscrito e, por dedução, a parcela ainda não realizada.*
> *§ 1º Serão classificadas como **reservas de capital** as contas que registrarem:*
> *(...)*
> *d) as doações e as subvenções para investimento. (grifos nossos)*

Do exposto até o momento se pode observar a existência de duas espécies de subvenção: as de custeio e as de investimento.

---

[10] Alínea "c" e "d" revogadas pela Lei nº 11.638/2007.

A doutrina tem clara distinção entre citadas duas espécies de incentivos.

SEHN[11] destaca que as subvenções para custeio "visam fazer frente, total ou parcialmente, às despesas operacionais do sujeito contemplado".

A contrario sensu, as subvenções para investimento são aquelas cuja concessão não tem como objetivo fazer frente a despesas ordinárias da atividade desenvolvida pela pessoa subvencionada, mas sim possibilitar o acréscimo de capital para implementação ou expansão de determinada atividade produtiva, também em prol da sociedade como um todo.

No mesmo sentido da afirmação acima é o posicionamento de COELHO[12]

> Consoante se dessume do excerto supra, as subvenções para investimentos distinguem-se das subvenções para custeio, na medida em que as primeiras, não tributáveis, prestam-se à expansão de atividades econômicas relevantes para o Estado, enquanto as subvenções correntes (para custeio e operações) fazem face às despesas correntes da empresa beneficiária, sendo alcançadas pela tributação. Distinguem-se de ambas as modalidades de subvenções econômicas as subvenções sociais, destinadas a entidades sem finalidades lucrativas.

---

[11] SEHEN, Solon. **Subvenções para investimentos: pressupostos de exclusão do lucro real para fins de apuração do IRPJ e da CSLL.** Revista Dialética de Direito Tributário n. 233, São Paulo. p.133

[12] COÊLHO, Sacha Calmon Navarro; COELHO, Eduardo Junqueira; LOBATO, Valter de Souza. **Subvenções para investimentos à luz das leis 11.638/2007 e 11.941/2009.** Acessado em: http://sachacalmon.com.br/wp-content/uploads/2010/09/Subvencao-para-investimentos-a-luz-das-leis-11638-e-11941.pdf

A Receita Federal do Brasil, por seu turno, firmou seus próprios conceitos de subvenções econômicas e de custeio por meio dos Pareceres Normativos COSIT nº 2/78 e 112/1978. Neste sentido são as definições abaixo.

> Parecer Normativo CST n. 112/1978
> Subvenção para custeio é a transferência de recursos para uma pessoa jurídica com a finalidade de auxiliá-la a fazer face ao seu conjunto de despesas.
> (...)
> Subvenção para investimento é a transferência de recursos para uma pessoa jurídica com a finalidade de auxiliá-la, não nas suas despesas, mais(sic) sim, na aplicação específica em bens ou direitos para implantar ou expandir empreendimentos econômicos.
> Parecer Normativo CST n. 2/1978
> 5.1 – Subvenções para investimentos que devam permanecer no ativo da empresa – Nos casos em que a subvenção recebida seja destinada à aplicação em bens ou direitos que devem permanecer no ativo da empresa, os recursos recebidos ou colocados à sua disposição deverão ser registrados como reserva de capital, que somente poderá ser utilizada para absorver prejuízos ou aumentar o capital social, não podendo, neste último caso, haver restituição de capital aos sócios, sob pena de a pessoa jurídica obrigar-se a recolher o imposto sobre a importância distribuída. As quotas de depreciação, amortização ou exaustão, porventura contabilizadas e referentes aos bens ou direitos adquiridos com as subvenções, serão dedutíveis na apuração do lucro real.

Conforme se observa, a Receita Federal conclui que serão considerados como subvenções econômicas os auxílios concedidos no âmbito do Direito Público por entidade Administrativa, tendo como beneficiários pessoas jurídicas de direito público ou privado, para que estas, por sua vez, realizem determinadas atividades ou serviços em prol do interesse público[13].

Ato contínuo, classifica como subvenções para investimento aqueles auxílios destinados à aquisição de bens ou direitos destinados ao ativo da pessoa subvencionada e destinados à expansão ou implementação de empreendimentos econômicos, com reversão direta ou indireta ao interesse público.

Ainda com relação à classificação das subvenções, é importante ressaltar que a Receita Federal do Brasil editou a Instrução Normativa n. 1.556/15, por meio da qual incluiu o parágrafo 7º, no artigo 112 da Instrução Normativa n. 1.515/14, o qual foi replicado no artigo 198 da atual Instrução Normativa n. 1.700/17.

Assim, por meio de citado parágrafo 7º, além dos requisitos já apresentados para que as subvenções sejam classificadas como sendo para investimento, a Receita Federal passou a exigir que (i) os valores subvencionados não sejam livremente movimentados pelo beneficiário; (ii) exista previsão expressa no ato concessivo no sentido de que os valores subvencionados sejam integralmente aplicados na aquisição de bens ou direitos necessários e (iii) haja sincronismo entre a percepção da vantagem e a aplicação dos recursos.

Art. 198 (...)

§ 7º Não poderá ser excluída da apuração do lucro real e do resultado ajustado a subvenção recebida do Poder Público, em função de benefício fiscal, quando os recursos puderem ser livre-

---

[13] Por meio da Solução de Divergência COSIT nº 15/2003, a RFB se posicionou no sentido de que as vantagens financeiras no pagamento de ICMS concedido por alguns Estados, não obstante incrementem o capital de giro dos beneficiários, não devem ser equiparadas a subvenção. Os juros e a correção monetária previstos nos contratos, mas incidentes sob condição suspensiva, são despesas que dependem de evento futuro e incerto. Por serem despesas não incorridas, enquanto não implementada a condição, não podem ser apropriadas na apuração do resultado do período.

mente movimentados pelo beneficiário, isto é, quando não houver obrigatoriedade de aplicação da totalidade dos recursos na aquisição de bens ou direitos necessários à implantação ou expansão de empreendimento econômico, inexistindo sincronia e vinculação entre a percepção da vantagem e a aplicação dos recursos.

O dispositivo acima acaba por ratificar e normatizar o posicionamento já defendido de longa data pela Receita Federal.

Isto porque, além da observância dos procedimentos contábeis, prevê que, tal como já defendido desde o Parecer Normativo CST nº 112/78, eventual subvenção somente será classificada como "para investimento" e, portanto, passível de exclusão na apuração do lucro real, quando observada a estrita sincronia entre seu recebimento e conseguinte aplicação pela subvencionada na aquisição de bens e direitos para expansão ou implementação de empreendimento econômico.

Apresentadas as principais características das duas espécies de subvenções, passa-se à análise dos procedimentos contábeis aplicáveis especialmente às subvenções para investimento, notadamente em razão da existência de base legal que autoriza sua não tributação.

2. Evolução Histórica do Tratamento Tributário das Subvenções para Investimento

Conforme anteriormente ressaltado, por meio do artigo 44, da Lei nº 4.506/64, restou consignado que as subvenções para custeio integram a receita operacional das pessoas jurídicas, o que implica conseguinte tributação destes incentivos.

Após, a Lei das S.A., em seu antigo artigo 182, parágrafo primeiro, alínea "d", passou a prever que as subvenções para investimento fossem classificadas como reserva de capital, de modo que não mais transitariam pelo resultado da pessoa jurídica beneficiária.

Do ponto de vista tributário, a matéria relativa às subvenções para investimento foi tratada no Decreto-Lei n. 1.598/77, o qual, em sua redação original do artigo 38, parágrafo 2º, passou a prever em linha com a referida Lei n. 6.404/76 que citadas benesses deveriam ser registradas em reserva de capital como condição para que não fossem computadas na apuração do lucro real.

Ainda, citado Decreto-Lei também previu em sua redação original a forma de utilização de citadas reservas, de modo a se evitar a tributação. Assim, as subvenções para investimento somente poderiam ser utilizadas para absorver prejuízos ou aumento de capital social.

> Redação original
> Art. 38 (...)
> § 2º – As subvenções para investimento, inclusive mediante isenção ou redução de impostos concedida como estímulo à implantação ou expansão de empreendimentos econômicos e as doações não serão computadas na determinação do lucro real, desde que:
> *a)* registradas como reserva de capital, que somente poderá ser utilizada para absorver prejuízos ou ser incorporada ao capital social, observado o disposto no artigo 36 e seus parágrafos; ou
> *b)* feitas em cumprimento de obrigação de garantir a exatidão do balanço do contribuinte e utilizadas para absorver supervenências passivas ou insuficiências ativas.

Conforme ensina Minatel[14], estas exigências decorriam da necessidade de o Poder Público *"exercer rígido controle sobre a destinação"* dos incentivos concedidos, evitando-se assim a eventual

---

[14] MINATEL, José Antônio. **Subvenções públicas: registros contábeis e reflexos tributários a partir da Lei n. 11.638/07**. Revista Dialética de Direito Tributário. São Paulo. n. 159, p44-45,2010.

distribuição dos valores aos sócios e acionistas, e, ato contínuo, possibilitar a neutralidade fiscal da operação, de modo a não mitigar ou mesmo tornar inócuo o benefício em razão de sua posterior tributação. Neste sentido é o excerto abaixo, extraído de passagem doutrinária na qual é abordada a origem do tratamento contábil das subvenções para investimento.

> Mantê-lo registrado (o benefício) em conta de 'reserva de capital' era a forma idealizada para facilitar o controle e impedir o desvio de finalidade, evitando a possibilidade de distribuição aos sócios ou acionistas, tentação que estaria facilitada se, contrariamente, o registro fosse canalizado para conta que compusesse o resultado da pessoa jurídica.
>
> Além dessa preocupação, outras razões determinavam o registro das 'subvenções para investimento' diretamente em conta de 'reserva de capital', sem transitar pelo resultado da empresa. A primeira delas tinha como objetivo enfatizar a neutralidade dessa operação, para o que trabalhava com a seguinte equação: a fonte (origem) externa dos recursos financeiros, sem caráter de futura exigibilidade (inexigíveis), tendo como contrapartida valores alocados necessariamente em 'investimentos', com vocação para figurarem em conta representativa do Ativo Permanente. Melhor explicando: dado que os recursos teriam que ser aplicados na aquisição de bens e direitos com registro no Ativo Permanente (e não em contas de custos ou despesas que afetariam o resultado), a pretendida neutralidade seria alcançada mediante contrapartida registrada igualmente em conta patrimonial (reserva de capital), fora do resultado.

Com a edição da Lei n. 11.638/2007, o artigo 182 da Lei das S.A. acima transcrito foi parcialmente revogado, de modo que restou revogada a determinação de contabilização das subvenções para investimento em conta patrimonial de "reserva de capital".

Concomitantemente à revogação em comento, a Lei n. 11.638/2007 acrescentou à Lei das S.A. o artigo 195-A, que determinou a contabilização da subvenção para investimento na recém-criada "Reserva de Incentivos Fiscais".

Assim, em que pese a alteração das regras contábeis, a fim de resguardar a segurança jurídico-tributária, a própria Lei n. 11.638/2007 acrescentou o parágrafo 7º ao artigo 177 da Lei das S.A., por meio do qual determinou que as alterações contábeis não poderiam *"ser base de incidência de impostos e contribuições nem ter quaisquer outros efeitos tributários"*[15].

E a Lei n. 11.941/2009, que introduziu o Regime Tributário de Transição ("RTT"), em seu artigo 16 expressamente reiterou a neutralidade tributária nos seguintes termos:

> *Art. 16. As alterações introduzidas pela Lei nº 11.638, de 28 de dezembro de 2007, e pelos arts. 37 e 38 desta Lei que* ***modifiquem o critério de reconhecimento de receitas, custos e despesas computadas na apuração do lucro líquido*** *do exercício definido no art. 191 da Lei no 6.404, de 15 de dezembro de 1976,* ***não terão efeitos para fins de apuração do lucro real da pessoa jurídica sujeita ao RTT****, devendo ser considerados, para fins tributários, os métodos e critérios contábeis vigentes em 31 de dezembro de 2007. (grifos nossos)*

Especificadamente em relação às subvenções para investimento, o artigo 18 da citada Lei nº 11.941/2009 esclarecia os ajustes na apuração do LALUR para a manutenção da neutralidade tributária em comento:

---

[15] Quando da edição da Lei nº 11.941/2009, o referido parágrafo 7º, do artigo 177 da Lei das S.A. foi expressamente revogado pelo artigo 79, inciso X, restringindo-se os reflexos contábeis exclusivamente "para fins de apuração do lucro real" das pessoas jurídicas sujeitas ao chamado Regime Tributário de Transição ("RTT"), os quais permanecem sujeitos aos critérios contábeis de 31.12.2007.

Art. 18. *Para fins de aplicação do disposto nos arts. 15 a 17 desta Lei às subvenções para investimento, inclusive mediante isenção ou redução de impostos, concedidas como estímulo à implantação ou expansão de empreendimentos econômicos, e às doações, feitas pelo Poder Público, a que se refere o art. 38 do Decreto-Lei no 1.598, de 26 de dezembro de 1977, a pessoa jurídica deverá:*

I – reconhecer o valor da doação ou subvenção em conta do resultado pelo regime de competência, inclusive com observância das determinações constantes das normas expedidas pela Comissão de Valores Mobiliários, no uso da competência conferida pelo § 3º do art. 177 da Lei nº 6.404, de 15 de dezembro de 1976, no caso de companhias abertas e de outras que optem pela sua observância;

II – excluir do Livro de Apuração do Lucro Real o valor decorrente de doações ou subvenções governamentais para investimentos, reconhecido no exercício, para fins de apuração do lucro real;

III – manter em reserva de lucros a que se refere o art. 195-A da Lei nº 6.404, de 15 de dezembro de 1976, a parcela decorrente de doações ou subvenções governamentais, apurada até o limite do lucro líquido do exercício;

IV – adicionar no Livro de Apuração do Lucro Real, para fins de apuração do lucro real, o valor referido no inciso II do caput deste artigo, no momento em que ele tiver destinação diversa daquela referida no inciso III do caput e no § 3o deste artigo.

Assim, tal como historicamente previsto desde o Decreto-lei nº 1.598/1977 em seu artigo 38, § 2º[16], o artigo 18 da Lei nº 11.941/2009 também vinculava a exclusão das subvenções para investimentos na apuração do LALUR à observância dos seguintes requisitos[17]:

---

[16] Artigo 443, do RIR/99 (Decreto nº 3.000/99)
[17] Os artigos 12 e 13 da IN RFB nº 1197/2013 praticamente repetem as disposições do RTT.

> *§ 1º As doações e subvenções de que trata o caput deste artigo serão tributadas caso seja dada destinação diversa da prevista neste artigo, inclusive nas hipóteses de:*
>
> *I – capitalização do valor e posterior restituição de capital aos sócios ou ao titular, mediante redução do capital social, hipótese em que a base para a incidência será o valor restituído, limitado ao valor total das exclusões decorrentes de doações ou subvenções governamentais para investimentos;*
>
> *II – restituição de capital aos sócios ou ao titular, mediante redução do capital social, nos 5 (cinco) anos anteriores à data da doação ou da subvenção, com posterior capitalização do valor da doação ou da subvenção, hipótese em que a base para a incidência será o valor restituído, limitado ao valor total das exclusões decorrentes de doações ou de subvenções governamentais para investimentos; ou*
>
> *III – integração à base de cálculo dos dividendos obrigatórios.*
>
> *(...)*
>
> *§ 3º Se, no período base em que ocorrer a exclusão referida no inciso II do caput deste artigo, a pessoa jurídica apurar prejuízo contábil ou lucro líquido contábil inferior à parcela decorrente de doações e subvenções governamentais, e neste caso não puder ser constituída como parcela de lucros nos termos do inciso III do caput deste artigo, esta deverá ocorrer nos exercícios subsequentes."*

Em suma, portanto, enquanto vigente o chamado RTT, de modo a evitar a inclusão das subvenções para investimento na apuração do lucro real os contribuintes deviam:

i) lançar em conta do resultado, pelo regime de competência, o valor recebido a título de "subvenção para investimento";

ii) excluir no LALUR o valor decorrente de subvenções governamentais para investimentos, para fins de apuração do Lucro Real;

iii) manter em "reserva de lucros"[18] a parcela decorrente das subvenções governamentais, apurada até o limite do lucro líquido do exercício; e

iv) adicionar no LALUR, para fins de apuração do lucro real, o valor referido no item "ii" no momento em que fosse dada destinação diversa à reserva de lucros referida no art. 195-A da Lei das S.A.

Os procedimentos acima se mostravam necessários à medida que as subvenções passaram a afetar o resultado das pessoas subvencionadas desde a promulgação da Lei n. 11.638/07.

Pois bem.

Com a publicação da Lei n. 12.973/14, o tratamento contábil-tributário das subvenções para investimento sofreu novas alterações.

Citada Lei n. 12.973/14, atual responsável pela regulamentação do tratamento tributário aplicável às subvenções para investimento, manteve a previsão quanto à não computação dos incentivos na apuração do lucro real, desde que efetivamente contabilizados na conta prevista no artigo 195-A, da Lei das S.A. e utilizadas para absorção de prejuízos ou aumento de capital.

Ocorre, todavia, que a Lei acima trouxe também requisitos adicionais para o não cômputo no lucro real.

Neste sentido, a Lei n. 12.973/14 previu que a utilização para compensação de prejuízos somente seria possível na hipótese de prévia e completa utilização das demais reservas, inclusive a legal, bem como a necessidade de recomposição da reserva mediante utilização dos lucros posteriores.

Ainda, a lei em comento prevê que, em caso de aumento de capital, eventual redução posterior e restituição aos sócios implicará tributação sobre o valor restituído até o montante das subvenções, sendo tributável também eventuais restitui-

---

[18] A que se refere o art. 195-A da Lei das S.A.

ções ocorridas em caso de redução do capital realizadas até 05 anos antes do recebimento da subvenção.

Conforme se observa, o legislador brasileiro buscou regulamentar com riqueza de detalhes os procedimentos à serem adotados pela pessoa subvencionada, de modo que esta não sofra a tributação sobre os valores recebidos.

Todavia, mesmo diante de regras tão detalhadas, a Receita Federal do Brasil, com o subterfúgio de sua legitimidade e suposto interesse no aclaramento dos procedimentos a serem adotados pelos contribuintes no atendimento à legislação, acabou por manter na Instrução Normativa n. 1.700/17, com o objetivo de normatizar seu posicionamento já adotado desde 1978, requisito relativo à necessidade de sincronia entre a concessão da subvenção e sua aplicação pela pessoa subvencionada como condição para caracterização do incentivo como sendo para investimento.

Ocorre, todavia, que citada regra prevista no parágrafo sétimo, do artigo 198, da Instrução Normativa n. 1.700/17, é de legalidade questionável, conforme argumentos traçados no próximo capítulo.

3. Da (Des) Necessária Sincronia entre Valores Subvencionados e os Investimentos

Historicamente, a Receita Federal do Brasil se posiciona pela necessidade de efetivo sincronismo entre a subvenção e a implementação dos investimentos como condição *sine qua non* para que aquela não fosse objeto de tributação. Neste sentido são as soluções de consulta a seguir.

a) Processo de Consulta nº 135/12 – 10ª RF
Imposto sobre a Renda de Pessoa Jurídica – IRPJ.
Ementa: LUCRO REAL. SUBVENÇÃO PARA INVESTIMENTO. CRÉDITO PRESUMIDO DE ICMS. NECESSIDADE DE VINCULAÇÃO E SINCRONIA. DESCARACTERIZAÇÃO.

Para que uma subvenção possa ser considerada como de investimento e, nessa condição, se encontre fora do cômputo da base de cálculo do IRPJ apurado pelo lucro real, é imprescindível a sua efetiva e específica aplicação na aquisição de bens ou direitos necessários à implantação ou expansão de empreendimento econômico, não sendo suficiente a realização dos propósitos almejados com a subvenção. Não caracterizada tal vinculação e sincronia, os valores objeto da subvenção, decorrentes de créditos presumidos de ICMS, devem ser computados na determinação da base de cálculo do IRPJ.

DISPOSITIVOS LEGAIS: Lei nº 6.404, de 1976, art. 182, § 1º, alínea "d"; Lei nº 11.638, de 2007, art. 10; Lei nº 11.941, de 2009, arts. 15 e 18; Decreto-lei nº 1.598, de 1977, art. 38, § 2º; Decreto nº 3.000, de 1999 (RIR/1999), arts. 392, inciso I, e 443; Lei Estadual-PE nº 11.675, de 1999, art. 1º; Decreto Estadual-PE n° 21.959, de 1999, art. 5º; Parecer Normativo CST nº 112, de 1978.

"Contribuição para o Financiamento da Seguridade Social – COFINS

Ementa: REGIME NÃO-CUMULATIVO. SUBVENÇÃO. CRÉDITO PRESUMIDO DE ICMS. INCIDÊNCIA.

No regime de apuração não-cumulativa da Cofins, valores decorrentes de subvenção, inclusive na forma de crédito presumido de ICMS, constituem, de regra, receita tributável, **devendo integrar a base de cálculo dessas contribuições, ressalvada a hipótese de se tratar de subvenção para investimento de acordo com a legislação do IRPJ.**

DISPOSITIVOS LEGAIS: Lei nº 5.172, de 1966, CTN, art. 111, inciso II; Lei nº 10.833, de 2003, art. 1º, § 2º; Lei nº 11.941, de 2009, arts. 18 e 21, parágrafo único, inciso I; Parecer Normativo CST nº 112, de 1978. Solução de Divergência Cosit nº 13, de 2011.

b) Processo de Consulta nº 101/12 – 8ª RF

Imposto sobre a Renda de Pessoa Jurídica – IRPJ.

Ementa: SUBVENÇÃO PARA INVESTIMENTO. DESCONTO CONDICIONAL NA ANTECIPAÇÃO DO RECOLHI-

MENTO DO ICMS DIFERIDO. AUSÊNCIA DE VINCULAÇÃO E SINCRONIA. DESCARACTERIZAÇÃO.

Os valores correspondentes ao desconto sobre a parcela diferida do ICMS, sujeito à condição suspensiva, concedido pelos Estados-membros a empresas instaladas em determinada região, **que não possuam vinculação com a aplicação específica** dos recursos em bens ou direitos referentes à implantação ou expansão de empreendimento econômico, **não se caracterizam como subvenção para investimento**, devendo ser computados na determinação do lucro tributável.

DISPOSITIVOS LEGAIS: Arts. 392, inciso I, e 443, inciso I, do Decreto nº 3.000, de 1999, RIR, de 1999; Parecer Normativo CST nº 112, de 1978.

Citado posicionamento foi, inclusive, consolidado por meio da Solução de Consulta COSIT n. 336/14.

Assunto: IMPOSTO SOBRE A RENDA DE PESSOA JURÍDICA – IRPJ.

BENEFÍCIO FISCAL DE ICMS. SUBVENÇÃO. BASE DE CÁLCULO.

É inadmissível excluir da apuração do lucro real a subvenção recebida do Poder Público, em função de benefício fiscal de ICMS, quando os recursos puderem ser livremente movimentados pelo beneficiário, isto é, quando não houver obrigatoriedade de aplicação dos recursos na aquisição de bens ou direitos necessários à implantação ou expansão de empreendimento econômico (não é suficiente a realização dos propósitos almejados com a subvenção), inexistindo sincronia e vinculação entre a percepção da vantagem e a aplicação dos recursos. Nesse caso, a subvenção torna-se tributável, compondo a base de cálculo do IRPJ.

DISPOSITIVOS LEGAIS: art. 38 do Decreto Lei nº 1.598, de 1977; arts. 18 da Lei nº 11.941, de 2009; art. 30 da Lei nº 12.973, de 2014; Lei do Estado do Ceará nº 10.367, de 1979; arts. 392 e 443 do Decreto nº 3.000, de 1999 (RIR/99), Decreto do Estado do Ceará nº 29.183, de 2008, Parecer Normativo CST nº 112, de 1978; SD Cosit nº 15, de 2003.

Assunto: CONTRIBUIÇÃO SOCIAL SOBRE O LUCRO LÍQUIDO – CSLL.

BENEFÍCIO FISCAL DE ICMS. SUBVENÇÃO. BASE DE CÁLCULO.

É inadmissível excluir da apuração do lucro real a subvenção recebida do Poder Público, em função de benefício fiscal de ICMS, quando os recursos puderem ser livremente movimentados pelo beneficiário, isto é, quando não houver obrigatoriedade de aplicação dos recursos na aquisição de bens ou direitos necessários à implantação ou expansão de empreendimento econômico (não é suficiente a realização dos propósitos almejados com a subvenção), inexistindo sincronia e vinculação entre a percepção da vantagem e a aplicação dos recursos. Nesse caso, a subvenção torna-se tributável, compondo a base de cálculo da CSLL.

DISPOSITIVOS LEGAIS: art. 38 do Decreto Lei nº 1.598, de 1977; arts. 18 da Lei nº 11.941, de 2009; art. 30 da Lei nº 12.973, de 2014; Lei do Estado do Ceará nº 10.367, de 1979; arts. 392 e 443 do Decreto nº 3.000, de 1999 (RIR/99), Decreto do Estado do Ceará nº 29.183, de 2008, Parecer Normativo CST nº 112, de 1978; SD Cosit nº 15, de 2003.

DISPOSITIVOS LEGAIS: arts. 15 e 18 da Lei nº 11.941, de 2009; Lei do Estado do Ceará nº 10.367, de 1979; arts. 392 e 443 do Decreto nº 3.000, de 1999 (RIR/99), Decreto do Estado do Ceará nº 29.183, de 2008, Parecer Normativo CST nº 112, de 1978; SD Cosit nº 15, de 2003; ADI SRF nº 22, de 2003.

Assunto: CONTRIBUIÇÃO PARA O FINANCIAMENTO DA SEGURIDADE SOCIAL – COFINS

BENEFÍCIO FISCAL DE ICMS. SUBVENÇÃO. BASE DE CÁLCULO.

Por falta de amparo legal para a sua exclusão, a subvenção recebida do Poder Público, em função de redução de ICMS, constitui receita tributável que deve integrar a base de cálculo da Cofins sujeita ao regime de apuração não cumulativa.
DISPOSITIVOS LEGAIS: art. 38 do Decreto Lei nº 1.598, de 1977; arts. 18 da Lei nº 11.941, de 2009; art. 30 da Lei nº 12.973, de 2014; Lei do Estado do Ceará nº 10.367, de 1979; arts. 392 e 443 do Decreto nº 3.000, de 1999 (RIR/99), Decreto do Estado do Ceará nº 29.183, de 2008, Parecer Normativo CST nº 112, de 1978; SD Cosit nº 15, de 2003; arts. 1º e 6º da Lei nº 10.833, de 2003.
Assunto: CONTRIBUIÇÃO PARA O PIS/PASEP
BENEFÍCIO FISCAL DE ICMS. SUBVENÇÃO. BASE DE CÁLCULO.
Por falta de amparo legal para a sua exclusão, a subvenção recebida do Poder Público, em função de redução de ICMS, constitui receita tributável que deve integrar a base de cálculo da Contribuição para o PIS sujeita ao regime de apuração não cumulativa.
DISPOSITIVOS LEGAIS: art. 38 do Decreto Lei nº 1.598, de 1977; arts. 18 da Lei nº 11.941, de 2009; art. 30 da Lei nº 12.973, de 2014; Lei do Estado do Ceará nº 10.367, de 1979; arts. 392 e 443 do Decreto nº 3.000, de 1999 (RIR/99), Decreto do Estado do Ceará nº 29.183, de 2008, Parecer Normativo CST nº 112, de 1978; SD Cosit nº 15, de 2003; arts. 1º e 5º da Lei nº 10.637, de 2002.
FERNANDO MOMBELLI – Coordenador-Geral[19]

Ato contínuo, por meio da Instrução Normativa n. 1.556/15 a Receita Federal incluiu o parágrafo sétimo no artigo 112, da Instrução Normativa n. 1.515/14, com a qual normatizou a exigência de estrita sincronia entre a concessão de subvenção para

---

[19] Solução de Consulta COSIT n. 336/14. Data de publicação: 12.12.2014. Acessada em 19.06.2016 em http://www.receita.fazenda.gov.br/publico/Legislacao/SolucoesConsultaCosit/2014/SCCosit3362014.pdf

investimento e a aplicação dos recursos. Ato contínuo, replicou esta exigência no parágrafo sétimo, do artigo 198 da atual Instrução Normativa n. 1.700/17

Pois bem.

BREDA[20] defende que não cabe às instruções normativas qualquer inovação da ordem jurídica, mas tão somente regular a atividade *interna corporis* da Administração.

> Iniciamos com a velha máxima, já em desuso, de que os regulamentos, instruções normativas e congêneres hão de servir apenas para o fiel cumprimento das leis, na precisa dicção do art. 84, inciso IV, da CRFB/1988.
> Assim, não lhes cabe inovação na ordem jurídica (...).
> Prestam-se, pois, para disciplinar o fiel cumprimento das leis, em atenção aos princípios da legalidade e da igualdade (...)
> O próprio Supremo Tribunal Federal já assentou o entendimento de que tais instrumentos normativos regulam a atividade *interna corporis* da Administração Pública e não são normas que possam obrigar ao cidadão.

No mesmo sentido é o entendimento de BALEEIRO[21].

> (...) como regulamento em relação à lei (art. 99 do CTN), **os atos normativos das autoridades administrativas não podem inovar, indo além do que está na lei ou no regulamento**; subordinam-se a este e àquela, pois se destinam à sua fiel execução. O mesmo quanto aos atos dos Diretores de Departamento e órgãos colocados abaixo do auxiliar imediato do Poder Executivo.

---

[20] BREDA, Felippe Alexandre Ramos. **Apontamentos sobre o Procedimento Especial de Controle Aduaneiro Previsto pela IN/RFB 1.169/2011.** Revista Dialética de Direito Tributário n. 198. São Paulo,2010.p. 56-57

[21] BALEEIRO, Aliomar. **Direito tributário brasileiro**. 12ªed.atualizada por Misabel Abreu Machado Derzi. Forense. Rio de Janeiro: 2013.p.979 (grifou-se)

Do mesmo modo, AMARO[22] esclarece que "*havendo desconformidade entre o que um de tais atos (complementares, dentre os quais a instrução normativa) estabeleça e o que a lei determina, o ato será inválido.*"

Conforme se observa do exposto acima, há posicionamento de renomados juristas no sentido de que as Instruções Normativas estão limitadas a esclarecer a aplicação das leis às quais estão subordinadas.

Ou seja, não há como instruções normativas inovarem e imporem obrigações e requisitos não previstos na legislação aplicável às subvenções como condição para que elas sejam classificadas como para investimento. Isto porque o artigo 30, da Lei n. 12.973/14, traz todos os requisitos para sua imediata aplicação, sem que seja necessário qualquer espécie de complemento ou regulação posterior.

Vejamos.

Da leitura do dispositivo acima se observa claramente (i) a definição do que venha a ser a subvenção para investimento; (ii) o tratamento a ser conferido à subvenção de modo que esta não seja considerada no cálculo do lucro real; (iii) as potenciais formas de utilização de modo a evitar as consequências da não adoção do tratamento indicado no item "ii"; e (iv) as consequências tributárias em caso de não adoção do tratamento tributário e formas de utilização indicadas nos itens "ii e "iii".

Com relação à (i) definição do que venha a ser subvenção para investimento, o artigo 30 da Lei n. 12.973/14 é claro ao dispor que ela é um estímulo cujo objetivo é estimular a "implantação ou expansão de empreendimentos econômicos."

---

[22] AMARO, Luciano. **Direito Tributário Brasileiro**. 14ªed. Saraiva. São Paulo: 2008.p.192

Art. 30. **As subvenções para investimento**, inclusive mediante isenção ou redução de impostos, **concedidas como estímulo à implantação ou expansão de empreendimentos econômicos** e as doações feitas pelo por publico(...)
(grifamos)

Com relação (ii) ao tratamento tributário a fim de evitar a tributação, a parte final do artigo 30 prevê a forma de contabilização ao dispor que a subvenção não será considerada na apuração do lucro real, *"desde que seja registrada em reserva de lucros a que se refere o art. 195-A da Lei nº 6.404, de 15 de dezembro de 1976"*.

Por sua vez, com relação (iii) às formas de emprego das subvenções contabilizadas na reserva de incentivos, elas se encontram nos incisos do *caput*. E com relação às consequências da utilização dos valores contabilizados de forma diversa daquelas previstas, elas se encontram elencadas nos incisos do parágrafo segundo de citado artigo 30.

Conforme se observa, o artigo 30, da Lei n. 12.973/14, possui todos os elementos necessários à sua aplicação imediata e não traz qualquer regra quanto à necessidade de existir completa sincronia entre a concessão da subvenção e seu emprego pela pessoa subvencionada como condição para classificação da subvenção como sendo para investimento.

Consequentemente, verifica-se que a Instrução Normativa n. 1.700/17 extrapolou sua competência ao elencar em seu parágrafo sétimo, do artigo 198, requisito não exigido pela legislação à qual supostamente busca regulamentar.

Neste sentido, inclusive, pode-se afirmar ser o entendimento de CALCINI[23], ao defender a ilegalidade da Instrução Norma-

---

[23] CALCINI. Fábio Pallaretti. **IRPJ.CSLL. Subvenção para Investimento. A jurisprudência do CARF.** Em Revista Dialética de Direito Tributário n. 242.p.54.

tiva n. 1.515/14 – cujo texto foi replicado no artigo 198 da Instrução n. 1.700/17 – justamente por extrapolar os limites da lei à qual se subordina.

Aliás, neste aspecto, as exigências estabelecidas na Instrução Normativa RFB n. 1.700/2017, são ilegais, pois inexiste previsão em lei para impor tal exigência, sobretudo, no modo como é interpretado este 'sincronismo'. Ora, se temos um incentivo fiscal que durará anos ou décadas, é natural que o investimento possa ser realizado ao longo do tempo, sendo que, em alguns momentos de forma mais intensa e em outros, mais lenta. Esta pertinência entre o incentivo e o investimento somente pode ser avaliada dentro de um parâmetro temporal que não se pode restringir em um ano-calendário ou mesmo alguns.

Da mesma forma é o entendimento de ÁVILA[24], ao afirmar que para restar caracterizada como efetiva subvenção para investimento, não se mostra necessário que os valores subvencionados sejam disponibilizados à pessoa jurídica antes dos próprios investimentos perseguidos.

2.1.14. Com efeito, o montante recebido deverá ser considerado subvenção se servir de auxílio para aplicação específica em bens e direitos concernentes a uma obra pública destinada a viabilizar um empreendimento de interesse público. Se isso ocorrer, mas houver uma falta sincronia absoluta entre o recebimento e a realização do investimento, isso, por si só, não descaracteriza o recebimento como subvenção para investimento.

2.1.15. Claro, se a subvenção para investimento, como conota a própria expressão, serve para auxiliar determinada aplicação

---

[24] Ávila. Humberto. **Natureza jurídica da contraprestaçãoo pecuniária recebida em contrato de parceria pública-privada. Subvenção para investimento. Não incidência dos impostos sobre a renda e prestação de serviços e das contribuições sobre a receita e sobre o lucro**. Revista Dialética de Direito Tributário n. 192. São Paulo: 2011.p.170

específica, o que a define como subvenção é a efetiva e específica aplicação da subvenção nos investimentos previstos na implantação do empreendimento econômico de interesse público, inclusive mediante pagamento de financiamento contraído com instituição financeira para este fim. Não ocorrendo isso, bem, aí não se estará diante de uma subvenção.

2.1.16. Com essas ponderações, se quer dizer que se o valor for recebido antes, durante ou após a realização da obra, ele não deixa de ser qualificado como subvenção para investimento, conquanto – e isto é o decisivo do ponto de vista tributário – ele seja aplicado efetivamente no projeto que justificou seu pagamento, inclusive mediante pagamento de financiamento contraído com instituição financeira para este fim. Não é, portanto, a falta de correspondência temporal que descaracteriza juridicamente a subvenção para investimento, mas a falta de correspondência material, isto é, a ausência de efetiva e específica aplicação da subvenção nos investimentos previstos na implantação do empreendimento econômico de interesse público pela pessoa jurídica que for sua titular.

Em linha com os posicionamentos acima é o de SEHEN[25], ao afirmar que *"ao contrário do que estabelece o Parecer Normativo CST n. 112/1978 (e agora também a Instrução Normativa n. 1.700/17), é descabida a exigência de sincronismo"* entre a concessão da subvenção e sua utilização.

Conforme se observa do todo exposto, portanto, verifica-se a existência de relevantes argumentos de modo a se afastar a imposição de efetiva sincronia entre o valor subvencionado e sua aplicação pela pessoa subvencionada como requisito *sine*

---

[25] SEHEN. Solon. **Subvenções para investimentos: pressupostos de exclusão do lucro real para fins de apuração do IRPJ e da CSLL** Revista Dialética de Direito Tributário n. 233. São Paulo, 2015.p.142

qua non para classificação de uma subvenção como sendo para investimento.

Superada a questão acima, passa-se à análise quanto à aceitação dos argumentos em questão no âmbito do CARF.

4. Da Jurisprudência Administrativa

No âmbito do CARF, é possível localizar julgados nos quais se adotou posicionamento no sentido de afastar a classificação de determinada subvenção como sendo para investimento nas hipóteses em que não restou demonstrada a sincronia entre a concessão do benefício e sua aplicação. Neste sentido, é a ementa do Acórdão nº 1401-001.074[26], proferido pelo CARF.

> PROGRAMA FOMENTAR. ABATIMENTOS NO VALOR PRINCIPAL DA DÍVIDA DECORRENTES DE LIQUIDAÇÃO ANTECIPADA DOS EMPRÉSTIMOS. NATUREZA DOS RECURSOS. INOCORRÊNCIA DE SUBVENÇÃO PARA INVESTIMENTO.
>
> **Ausência de sincronia da intenção do subvencionador com a ação do subvencionado,** e da ocorrência da "efetiva e específica" aplicação da subvenção, por parte do beneficiário, nos investimentos previstos na implantação ou expansão do empreendimento econômico projetado, nos termos do Parecer Normativo CST nº 112, de 1978, descaracteriza a natureza de subvenção para investimento dos recursos oriundos do abatimento do valor principal de dívida decorrentes da liquidação antecipada do contrato de financiamento com o ente público.

---

[26] CARF.Primeira Seção. 4ªCâmara. 1ªTurma Ordinária. Acódão nº 1401-001.074. Recorrente: Neolatina Com. E Ind. Farmacêutica Ltda. Data de julgamento: 05.112013. (grifamos)

Conforme se observa do excerto abaixo, extraído do Acórdão acima ementado, foi negado provimento ao recurso ordinário do Contribuinte ao argumento de que apesar de ter sido demonstrado o interesse de subvencionar pelo Poder Público, não havia sido observada a efetiva sincronia entre o recebimento do incentivo e a aplicação de recursos no empreendimento.

> Em nenhum momento restou demonstrado nos autos a efetiva aplicação dos recursos para atender às condições estabelecidas em lei. Vale reforçar: o fato de dispor de vinte anos para aplicação dos ingressos não implica que terá que prestar contas apenas ao final do prazo, **até mesmo porque se exige um sincronismo entre o recebimento e a aplicação dos recursos.** Ademais, não há qualquer razoabilidade em negócio jurídico firmado no sentido de que, não obstante a disponibilização dos recursos ser imediata, a prestação de contas seria efetuada apenas ao final de vinte anos, sem nenhum acompanhamento ou ponto de controle da execução das obrigações contraídas.[27]

Ocorre que, com base na pesquisa realizada, se observa que o posicionamento acima – tendente a exigir a sincronia entre o recebimento da subvenção e a aplicação no empreendimento – vem perdendo força.

Neste sentido, importante ressaltar que o Acórdão acima citado foi julgado improcedente em razão do voto de qualidade do Presidente da Câmara Superior, representante da Receita Federal do Brasil.

Assim restou redigido o voto vencido em citado julgamento, de n. 1401-001.074.

> Verifica-se, portanto, que a jurisprudência administrativa não exige a vinculação direta entre o valor subvencionado e aplicação

[27] Acórdão n. 1401-001.074 (grifamos)

deste montante em bens e direitos relacionados a implantação ou expansão de empreendimento econômico.

Entretanto, entende que para **caracterizar subvenção para investimentos é necessário que:**

i) o benefício fiscal vise, de forma inequívoca, o incremento e a consolidação da atividade econômica na região;

ii) haja determinadas exigências por parte do Estado que visem assegurar o cumprimento daqueles objetivos;

iii) haja a concretização da intenção do Poder Público em subvencionar aquele investimento, mediante transferência de capital ao patrimônio da pessoa jurídica; e

iv) a pessoa jurídica incorpore os recursos em seu patrimônio (constituição de reservas).[28]

Conforme se observa, o voto acima, proferido em 2013, já dava indícios do potencial entendimento do CARF no sentido de afastar a exigência relativa ao sincronismo entre a concessão da subvenção e a aplicação dos valores, de modo a consolidar antigo posicionamento datado de 2011.

Neste sentido foi julgamento proferido pela Câmara Superior de Recursos Fiscais (CSRF), por meio do qual restou firmado posicionamento no sentido de que a eventual ausência de sincronismo em algumas situações é natural da própria sistemática do benefício, não devendo ser considerada como requisito para desqualificar uma subvenção para investimento. Trata-se de julgado que resultou no Acórdão n. 9101-001.994[29].

Ao analisar a demanda, a Câmara Superior negou provimento ao apelo Fazendário e manteve a decisão proferida por

---

[28] Grifos nossos e no original.
[29] CARF. Câmara Superior de Recursos Fiscais. Acórdão nº 9101-001.994. Recorrente: Fazenda Nacional. Recorrida: Itabuna Textil S.A.. Sessão de 29.06.2011.

Câmara baixa pela não tributação de valores subvencionados e destinados à implementação de empreendimento no Estado da Bahia. Assim restou redigida a ementa do julgado em comento, consubstanciada no já citado Acórdão 9101-001.994.

IRPJ. Subvenção para Investimento. Na hipótese de implantação de empreendimento, há um descasamento entre o momento da aplicação do recurso e do gozo do benefício a título de subvenção para investimento, razão pela qual, natural que o beneficiário da subvenção para investimento, em um primeiro momento, aplique recursos próprios na implantação do empreendimento, para depois, quando a empresa iniciar suas operações e, consequentemente, começar a pagar o ICMS, comece também a recompor seu caixa do capital próprio anteriormente imobilizado em ativo fixo e outros gastos de implantação.

Para melhor compreensão dos aspectos fáticos, transcreve-se excerto do voto proferido no já citado Acórdão n. 9101-001.994.

Como se verifica, nas condições postas no § 5º acima transcrito, não há qualquer vinculação entre os valores obtidos com o benefício fiscal do ICMS e a aplicação específica desses recursos em bens ou direitos ligados à implantação ou expansão do empreendimento econômico, mas apenas parâmetros para calibragem do percentual do crédito presumido a ser concedido caso a caso.
Por outro lado, o termo de compromisso firmado (vide transcrição a fls. 531) traz a seguinte disposição:
'relações obrigacionais que entre si ajustam, como partes, ESTADO DA BAHIA (...) e a Indústria de Meias Scalina Ltda. (...), obrigações essas decorrentes do apoio de infraestrutura e da concessão de incentivos administrados pelo Poder Público Estadual e Municipal à aludida empresa, em virtude da implantação de uma indústria destinada à fabricação de meias, cuecas,

malhas, confecções e congêneres, fios de algodão e produtos têxteis semiacabados (...)'

Ora, houve, então, uma vinculação entre a obtenção do benefício e a implantação da indústria no Estado da Bahia. Resta, então, saber se, para o enquadramento como subvenção para investimento, havia de ter expressa disposição, no referido termo de compromisso, que todos os valores obtidos com o benefício deveriam ser aplicados integralmente nos gastos de implantação da indústria. Primeiramente, há que se perquirir se tal interpretação encontra amparo no §2º do art. 38 do DL 1.598/77?

O §2º do art. 38 é uma norma excepcional, logo deve ser interpretada estritamente, sem qualquer ampliação dos seus parâmetros hermenêuticos. Assim sendo, quando tal norma dispõe que a subvenção para investimento é concedida como 'estímulo à implantação ou expansão de empreendimentos econômicos', há que se entender que a concessão do benefício fica condicionada ao cumprimento pelo beneficiário da exigência de ampliar ou expandir o empreendimento. Agora, se o Estado abre mão de cobrar o tributo do contribuinte, sem que se exija dele qualquer obrigação de ampliar ou expandir seu empreendimento, tal benefício será enquadrável como subvenção para custeio, pois o beneficiário terá total liberdade para aplicar os valores oriundos do benefício. Situação diferente é esta em que o Estado, para conceder o benefício, obriga o contribuinte a ampliar ou expandir seu empreendimento.

Além disso, em regra, nenhum empreendimento vai ser implantado com receita oriunda da subvenção para investimento. Isso porque durante a implantação, a empresa encontra-se em fase pré-operacional, logo, ordinariamente, não aufere receitas e, consequentemente, não tem ICMS a pagar nem muito menos redução de ICMS em virtude de descasamento entre o momento da aplicação do recurso e do gozo do benefício. Razão pela qual seria impossível, no caso em tela, constar do termo de compromisso a obrigação de a indústria ser implantada, ainda que parcialmente, com os valores oriundos do benefício fiscal.

Natural, então, que o beneficiário da subvenção para investimento, em um primeiro momento, aplique recursos próprios na implantação do empreendimento, para depois, quando a empresa iniciar suas operações e, consequentemente, começar a pagar o ICMS ao Estado da Bahia, comece também a recompor seu caixa do capital próprio anteriormente imobilizado em ativo fixo e outros gastos de implantação. Daí, há que se entender que, na hipótese *sub examine,* o estímulo à implantação do empreendimento de que trata o § 2º do art. 38 do DL n. 1598/77, dar-se-á com o reforço do caixa da empresa, sem que isso desnature a subvenção para investimento.

Conforme se observa, a Câmara Superior do CARF afastou entendimento Fiscal e manteve a classificação da subvenção concedida pelo Estado da Bahia mesmo ante a ausência de sincronia entre a concessão do incentivo e a implementação de empreendimento fabril pelo contribuinte.

Ainda, é importante ressaltar que apesar de ter sido proferida antes da edição da Instrução Normativa n. 1.700/17, citada decisão pode ser aplicada à legislação atual, posto que, conforme já explicitado ao longo deste estudo, a alteração promovida por citada Instrução Normativa tão somente manteve o entendimento antigo da Receita Federal pela necessidade de sincronismo entre a concessão do incentivo e a implementação/ampliação de empreendimento econômico como forma de caracterizá-la como subvenção para investimento.

Em outras palavras, em que pese a decisão acima datar de 2011, certo é que seus fundamentos são ainda aplicáveis ao presente cenário legal e continuam sendo adotados.

Neste sentido, inclusive, foi a decisão proferida pela 1ª Câmara, da 1ª Turma Ordinária da Primeira Seção de Julgamento do CARF nos autos do processo n. 10980.724631/2010-65[30], cujo excerto do voto vencedor ilustra o posicionamento aqui defendido, no sentido de que a eventual ausência de sincronismo entre a concessão da subvenção e a implementação/ampliação de empreendimento não deve, *por si só*, implicar a tributação dos montantes.

> Observado o tratamento contábil estabelecido às *subvenções para investimento*, não há como se assegurar, na prática, que os valores atinentes a estes benefícios – no caso, créditos presumidos de ICMS – fossem diretamente destinados a projetos de implantação ou de expansão de empreendimentos econômicos. Reiterando expressão já usada ao longo dos autos, não se pode 'carimbar dinheiro'. Só teríamos certeza de que as cifras subvencionadas se destinariam a investimento reto e efetivo em ativo não-circulante acaso tal transporte constasse da contabilidade – cenário este em que, paradoxalmente, alegar-se-ia desvio de destinação e se pugnaria pela tributação dos valores pelo IRPJ e pela CSLL.
>
> A realização de investimento, embora denote a essência da subvenção em trato, não significa, de forma alguma, que o contribuinte tenha de empregar as cifras oriundas do incentivo, direta e imediatamente, no projeto desenvolvimentista objetivado. (...)
>
> A título ilustrativo, não desfigura a *subvenção para investimento* o fato de o subvencionado realizar investimento com recursos próprios, instaurando ou ampliando empreendimento econômico na região ou no setor incentivados, fruindo a benesse concedida em momento ulterior – inclusive empregando tais resultados, por exemplo, em distribuição de dividendos, nos termos do indigitado artigo 199 da Lei n. 6.404/76.

---

[30] CARF. Acórdão n. 1101-00.661. Recorrente: Positivo Informática S.A.. Recorrida: Fazenda Nacional. Sessão de 31.01.2012.

Cronologicamente insustentável seria defender que o contribuinte primeiro recebesse a subvenção, para, a partir daí, implantar novo empreendimento econômico na região abrangida. Alegar tal despautério representaria afirmar que benefícios fiscais de ICMS jamais poderia consubstanciar *subvenções para investimento* passíveis de fruição para sujeitos passivos prestes a se instalar na região incentivada. O gozo da benesse, obviamente, concretizar-se-ia em momento posterior ao do investimento inaugural – o que importaria reconhecer que a implantação do empreendimento econômico tivesse sido feita à custa de cifras previamente auferidas.

Conforme se observa, a decisão acima, além de questionar a legalidade do Parecer Normativo CST n. 112/78, expressamente afastou o requisito da existência de sincronismo entre a subvenção para investimento e a destinação dos valores subvencionados para não tributação destes valores.

Recentemente, mais precisamente em julgamento ocorrido em sessão do dia 08.06.2016, a Câmara Superior de Recursos Fiscais manteve o entendimento então exarado por Câmara baixa, ao afastar o requisito de sincronismo para caracterização da subvenção como para investimento. É o que se observa do Acórdão n. 9101-002.335[31], abaixo transcrito.

Observa-se que, segundo interpretação do parecer (normativo cst n.112/78), a subvenção para investimento estaria caracterizada quando, cumulativamente, (1) os recursos a serem transferidos seriam com o objetivo de auxiliar a pessoa jurídica não em suas despesas, mas na aplicação específica em bens ou direitos

---

[31] CARF. Câmara Superior de Recursos Fiscais. Acórdão nº 9101-002.335. Recorrente: Fazenda Nacional. Recorrida: Britânia do Nordeste Ltda. Sessão de 04.05.2016. (grifos no original)

para implantar ou expandir empreendimentos econômicos; (2) seria exigida uma perfeita sincronia da intenção do subvencionador com a ação do subvencionado; (3) não basta o "animus, mas também a efetiva e específica aplicação da subvenção nos investimentos previstos, e (4) mero registro contábil em conta própria de reserva de capital não é suficiente, por si só, para caracterizar a transferência como subvenção para investimento.

Entendo que **apenas** o item (2), a necessidade de 'perfeita sincronia' entre a intenção do subvencionador e a ação do subvencionado, merece uma ressalva, e se trata de conclusão que deve ser relativizada, interpretada numa acepção mais ampla.

Isso porque, ao se falar na **implantação** de um novo investimento, naturalmente o subvencionado terá que aplicar recursos próprios para a construção do empreendimento. Apenas no futuro, a partir do momento em que o investimento gerar frutos, serão originadas as receitas, cuja parte será objeto de transferência para a empresa a título de subvenção.

O entendimento acima, por fim, vem sendo mantido pelas demais Câmaras integrantes do CARF. Neste sentido é o excerto abaixo, extraído do Acórdão n. 1302.001.623.

SUBVENÇÃO PARA INVESTIMENTO. IMPLANTAÇÃO.
Na hipótese de implantação de empreendimento, há um descasamento entre o momento da aplicação do recurso e do gozo do benefício a título de subvenção para investimento, razão pela qual, natural que o beneficiário da subvenção para investimento, em um primeiro momento, aplique recursos próprios na implantação do empreendimento, para depois, quando a empresa iniciar suas operações e, consequentemente, começar a pagar o ICMS, comece também a recompor seu caixa do capital próprio anteriormente imobilizado em ativo fixo e outros gastos de implantação.

Da simples leitura da ementa do Acórdão n. 1302.001.623, observa-se que seu teor se assemelha à decisão já proferida pela CSRF no ano de 2011, no já transcrito acórdão de número 9101-001.994.

Do acima exposto, observa-se que o CARF vem admitindo os argumentos defendidos no presente estudo, notadamente no sentido de que o sincronismo exigido pela Receita Federal do Brasil por meio do Parecer Normativo CST n. 112/1978 e pelo parágrafo sétimo do artigo 198, da Instrução Normativa n. 1.700/17, não possui fundamento legal e, portanto, não é condição *sine qua non* para caracterização de uma subvenção como sendo para investimento.

Conclusões

Diante do exposto, observa-se que desde a publicação dos Pareceres Normativos n. 02/78 e 112/78, a Receita Federal possui entendimento restritivo quanto ao conceito e conseguinte classificação de subvenções como sendo para investimento.

O entendimento acima, inclusive, fora normatizado por meio da Instrução Normativa nº 1.556/15, por meio da qual se incluiu o parágrafo sétimo no artigo 112, da Instrução Normativa n. 1.515/14, tendo este sido mantido na Instrução Normativa n. 1.700/17, em seu artigo 198, parágrafo sétimo.

Por meio da alteração acima, a Receita Federal expressamente passou a não classificar como subvenções para investimento os auxílios que apesar de destinados à implementação ou expansão de determinado empreendimento, não tenham completa sincronia entre sua concessão e respectiva aplicação por parte da pessoa subvencionada.

Ocorre que tanto as normas anteriormente aplicáveis como aquela de aplicação atual (a saber, Lei n. 12.973/14) não preveem esta sincronia como requisito para caracterização e não tributação da subvenção para investimento.

Assim, observa-se clara extrapolação da Receita Federal em sua ânsia regulatória, de modo que impôs a observância de regra não prevista na lei vigente.

Ora, é certo que as instruções normativas exaradas por aquele Órgão têm natureza complementar às leis tributárias. Todavia, complementar não significa inovar, conforme já afirmado por BALEEIRO[32].

Consequentemente, há relevantes argumentos para se defender a ilegalidade do parágrafo sétimo, do artigo 198, da Instrução Normativa n. 1700/17.

Ainda, não se deve olvidar do fato de que a recente normatização adotada pela Receita Federal também acaba por limitar de sobremaneira a efetividade das subvenções, notadamente quando se trata de novos empreendimentos, conforme afirmado pela Conselheira Karem Jureidini Dias na relatoria do já citado Acórdão n. 9101-001.994.

Isto porque, geralmente citadas subvenções são concedidas, principalmente pelos Estados, por meio de créditos presumidos ou reduções aplicáveis ao ICMS, de modo que na instalação de empreendimentos, por se tratar de fase pré-operacional, não teriam efetividade, caso efetivamente exigida a completa sincronia.

Em outras palavras, em se tratando de novos empreendimentos, geralmente as pessoas subvencionadas acabam por empregar seus próprios recursos na construção do empreendimento para, somente com sua conclusão e início da operação, usufruírem efetivamente da subvenção concedida no âmbito estadual.

Isto posto, verifica-se que a fim de restar efetivamente caracterizada uma subvenção como sendo para investimento e afastar sua conseguinte tributação, é necessária a observância tão somente dos seguintes requisitos:

---

[32] BALEEIRO, Aliomar. **Direito tributário brasileiro**. 12ªed.atualizada por Misabel Abreu Machado Derzi. Rio de Janeiro: Forense, 2013.p.648.

i) Devem ser concedidas com expresso objetivo de estimular a implantação ou expansão de empreendimentos econômicos;

ii) O destinatário deve ser a pessoa responsável pelo empreendimento;

iii) Montante equivalente ao valor subvencionado deve ser registrado em reserva específica, prevista no artigo 195-A, da Lei n. 6.404/76, sem que seja integrado à base de cálculo dos dividendos obrigatórios;

iv) Citada reserva deve ser destinada exclusivamente à absorção de prejuízos ou aumento de capital;

   a. Na hipótese de utilização para absorção de prejuízos, previamente à sua utilização as demais reservas já tenham sido utilizadas e ela seja objeto de posterior recomposição, quando da aferição de lucros;

   b. Na hipótese de aumento de capital social, não ocorra sua redução posterior;

      b.1. O capital não tenha sido reduzido nos cinco anos anteriores ao recebimento da subvenção;

Com base nos argumentos apresentados no presente estudo, portanto, conclui-se que apesar da previsão contida no parágrafo sétimo do artigo 198, da Instrução Normativa nº 1.700/17, a efetiva existência de sincronia entre a concessão da subvenção e a aplicação dos recursos não é condição *sine qua non* para classificação de uma subvenção para investimento e sua conseguinte não tributação. Portanto, em caso de questionamento fiscal, entende-se pela existência de relevantes argumentos jurídicos para se afastar citado questionamento.

Referências

BRASIL. Comitê de Pronunciamentos Contábeis. Pronunciamento n. 07. Disponível em: <www.cpc.org.br>. Acesso em: 18 jun. 2016

MARTINS, Eliseu; SANTOS, Ariovaldo dos; IUDÍCIBUS, Sérgio de. "**Manual de Contabilidade Societária**". 2ª ed. Atlas: São Paulo, 2013.

HOUAISS. "**Grande Dicionário Houaiss**", disponível em: http://houaiss.uol.com.br/

SILVA, De Plácido e. "**Vocabulário Jurídico/Atualizadores: Nagib Slaibi Filho e Priscila Pereira Vasques Gomes**". 30ed. Rio de Janeiro: Forense, 2013.

BORGES, José Souto Maior, "**Subvenção financeira, isenção e dedução tributárias**". Revista de Direito Público n.41/42. São Paulo: Revista dos Tribunais, 1977.

PIZOLIO. Reinaldo. "**Imposto de renda pessoa jurídica e subvenções para investimento**". Revista Dialética de Direito Tributário n. 52. São Paulo, 2000.

MARTINS, Natanael. "**Incentivos a Investimentos (Isenção ou Redução de Impostos – Tratamento Jurídico-Contábil Aplicável)**. Revista de Direito Tributário v.61. Malheiros: São Paulo,

OLIVEIRA, Ricardo Mariz de. "**Fundamentos do Imposto de Renda**" São Paulo: Quartier Latin, 2008.

SEHEN. Solon. "**Subvenções para investimentos: pressupostos de exclusão do lucro real para fins de apuração do IRPJ e da CSLL**" Revista Dialética de Direito Tributário n. 233, São Paulo, 2015.

COÊLHO, Sacha Calmon Navarro; COELHO, Eduardo Junqueira; LOBATO, Valter de Souza. "**Subvenções para investimentos à luz das leis 11.638/2007 e 11.941/2009**". Acessado em: http://sachacalmon.com.br/wp-content/uploads/2010/09/Subvencao-para-investimentos-a-luz--das-leis-11638-e-11941.pdf

BRASIL. "**Pareceres e Atos Declaratórios Normativos do imposto de Renda Consolidado**" – Parecer Normativo n. 112/78. São Paulo: IOB, 1990

BRASIL. "**Pareceres e Atos Declaratórios Normativos do imposto de Renda Consolidado**" – Parecer Normativo n. 02/78. São Paulo: IOB, 1990

MINATEL, José Antônio. "**Subvenções públicas: registros contábeis e reflexos tributários a partir da Lei n. 11.638/07**". Revista Dialética de Direito Tributário n. 159, São Paulo, 2008.

BRASIL. **"Processo de Consulta n. 135/12"**, 10ª Região Fiscal. Disponível em: <www.receita.fazenda.gov.br>. Acesso em: 17 jun. 2016.
BRASIL. **"Processo de Consulta n. 101/12"**, 8ª Região Fiscal. Disponível em: <www.receita.fazenda.gov.br>. Acesso em: 17 jun. 2016.
BRASIL. **"Solução de Consulta COSIT n. 336/14"**, COSIT. Disponível em: <www.receita.fazenda.gov.br>. Acesso em: 17 jun. 2016.
BREDA, Felippe Alexandre Ramos. **Apontamentos sobre o Procedimento Especial de Controle Aduaneiro Previsto pela IN/RFB 1.169/2011**. Revista Dialética de Direito Tributário n. 198. São Paulo,2010.p. 56-57
BALEEIRO, Aliomar. **"Direito tributário brasileiro"** 12ªed.atualizada por Misabel Abreu Machado Derzi. Rio de Janeiro: Forense, 2013.
AMARO, Luciano. **"Direito Tributário Brasileiro"** 14ªed. Saraiva. São Paulo: 2008.
CALCINI, Fábio Pallaretti. **"IRPJ. CSLL. Subvenções para investimento. A jurisprudência do CARF"**. Revista Dialética de Direito Tributário n. 242, São Paulo, 2015.
ÁVILA, Humberto. **"Natureza jurídica da contraprestação pecuniária recebida em contrato de parceria pública-privada. Subvenção para investimento. Não incidência dos impostos sobre a renda e prestação de serviços e das contribuições sobre a receita e sobre o lucro"**. *In* Revista Dialética de Direito Tributário n. 192. São Paulo: 2011.
BRASIL. Conselho Administrativo de Recursos Fiscais. **Acórdão nº 1401.001.074**. Recorrente: Neolatina Com. e Ind. Farmacêutica Ltda. Recorrida: Fazenda Nacional. Relator designado: Fernando Luiz Gomes de Mattos. Brasília, 05 nov. 2013. Disponível em: <**http://carf.fazenda.gov.br**>. Acesso em: 17 jun. 2016.
BRASIL. Conselho Administrativo de Recursos Fiscais. **Acórdão nº 9101-001.994**. Recorrente: Fazenda Nacional. Recorrida: Itabuna Textil S.A. Relator: Conselheiro Alberto Pinto Souza Júnior. Brasília, 20 jun. 2011. Disponível em: <**http://carf.fazenda.gov.br**>. Acesso em: 18 jun. 2016
BRASIL. Conselho Administrativo de Recursos Fiscais. **Acórdão nº 1101-00.661**. Recorrente: Positivo Informática S.A.. Recorrida: Fazenda Nacional. Relator: Edeli Pereira Bessa. Brasília, 31 dez. 2012. Disponível em: <**http://carf.fazenda.gov.br**>. Acesso em: 19 jun. 2016
BRASIL. Conselho Administrativo de Recursos Fiscais. **Acórdão nº 9101-002.335**. Recorrente: Fazenda Nacional. Recorrida: Britânia do Nordeste Ltda. Relator: Conselheiro André Mendes de Moura. Brasília, 04 mai. 2016. Disponível em: <**http://carf.fazenda.gov.br**>. Acesso em: 19 jun. 2016.

BRASIL. Conselho Administrativo de Recursos Fiscais. **Acórdão nº 1302-001.623**. Recorrente: Ferronorte Inustrial Ltda. Recorrida: Fazenda Nacional. Relator: Conselheiro Alberto Pinto Souza Júnior. Brasília, 03 fev. 2015. Disponível em: <**http://carf.fazenda.gov.br**>. Acesso em: 18 jun. 2016

Planejamento Tributário e Segurança Jurídica

Vinícius Vicentin Caccavali

Introdução
O objetivo deste artigo é investigar o contexto em que se insere a modificação promovida pela Lei Complementar nº 104, de 10 de janeiro de 2001 ("LC nº 104/01"), que introduziu no Código Tributário Nacional ("CTN") um parágrafo único para o artigo 116, para então verificar sua pertinência e necessidade ao ordenamento jurídico tributário brasileiro, e, diante da previsão de regulamentação do procedimento para a desconsideração dos efeitos tributários dos negócios jurídicos, o que até hoje não ocorreu, constatar os efeitos decorrentes dessa ausência de regulamentação, sob a perspectiva da busca e necessidade de segurança jurídica.

O tema é relevante e atual, pois é comum que decisões negociais levem em consideração aspectos tributários decorrentes da prática de determinados atos ou negócios jurídicos, em busca de eficiência, caracterizando-se o planejamento tributário e, tendo em vista a ausência de regulamentação para os limites de atuação do contribuinte nesse âmbito, há incerteza quanto a aquilo que é ou não permitido, gerando dúvida e insegurança, o que se perpetua no contencioso administrativo.

Considerando sua finalidade, este artigo não pretende esgotar as diversas definições técnicas trazidas pela doutrina para conceitos de elisão e evasão fiscal, ou então para a aplicabilidade dos institutos de Direito Civil ao Direito Tributário.

2. Panorama Geral da Tributação e do Planejamento Tributário

Antes de iniciar qualquer consideração com relação ao tema planejamento tributário, necessário dedicar algumas linhas à legitimidade da tributação, uma vez que a compreensão dessa noção é fundamental para o debate acerca da validade de adoção de estruturas que visem a economia de tributos. O Estado de Direito assentou-se na sociedade contemporânea por meio de um pacto celebrado entre governantes e governados, no qual a coletividade abriria mão de parcela da sua individualidade em troca da proteção de valores coletivos, com destaque para dois nucleares: a liberdade e a propriedade[1]. Substitui-se, com isso, a força pelo jurídico[2].

Essa estrutura só é possível em razão de sua sustentação econômica, representada pela tributação, ato por meio do qual cada cidadão abdica de parcela da sua liberdade e da sua propriedade justamente para garantir a proteção da liberdade e da propriedade. Considerando a necessidade de equilíbrio dessa relação, aparentemente contraditória, surge a sua regulamentação, com o intuito de evitar que a tributação acabe por esgotar justamente aquilo que pretende proteger. Como bem observa RICARDO LOBO TORRES[3]:

---

[1] No ordenamento brasileiro, liberdade e propriedade estão esculpidos no artigo 5º da Constituição Federal, juntamente com os direitos fundamentais, como o próprio direito à vida, o que demonstra sua relevância.

[2] BOZZA, Fábio Piovesan. Planejamento Tributário e Autonomia Privada. Série Doutrina Tributária v. XV. São Paulo: Quartier Latins, 2015, p. 45

[3] TORRES, Ricardo Lobo. Planejamento Tributário: elisão abusiva e evasão fiscal. Ricardo Lobo Torres. 2 ed. Rio de Janeiro: Elsevier, 2013,p.10

"O relacionamento entre liberdade e tributo é dramático, por se afirmar sob o signo da bipolaridade: o tributo é garantia da liberdade e, ao mesmo tempo, possui a extraordinária aptidão para destruí-la; a liberdade se autolimita para se assumir como fiscalidade e se revolta, rompendo os laços da legalidade, quando oprimida pelo tributo ilegítimo. Quem não percebe a bipolaridade da liberdade acaba por recusar legitimidade ao próprio tributo."

Ante essa realidade, forma-se, então, um rígido sistema de regras, de natureza formal e material, com a finalidade de determinar as condições para a instituição da obrigação tributária, bem como de sua fiscalização, arrecadação e destinação, limitando os poderes do Estado[4]. Trata-se da chamada "tipicidade tributária", elemento representativo do princípio da legalidade, que objetiva a garantia de nascimento da relação jurídico tributária apenas quando atendidas as situações previstas nos textos normativos[5]. Resta garantida, então, a previsibilidade[6], alicerce do sistema tributário.

---

[4] Nesse sentido: "A finalidade do direito tributário não é, como alguns equivocadamente afirmam, viabilizar a arrecadação de recursos financeiros para o Estado. A verdadeira finalidade do direito tributário é limitar o poder tributário do Estado. Assim como o Direito é um sistema de regras que tem por finalidade estabelecer limitações ao poder, o direito tributário é um sistema de regras que tem por finalidade estabelecer limitações ao poder de tributar, para que este não seja exercido de modo absoluto.
O tributo – este, sim – tem por finalidade a transposição de recursos financeiros do particular para o Estado, para que possa exercer suas atividades. O tributo é um instrumento para o custeio das atividades estatais; mas o tributo sempre existiu onde quer que existam governantes e governados." MACHADO, Hugo de Brito. "Teoria Geral do Direito Tributário". Malheiros, São Paulo, 2015, págs. 36 e 37.
[5] Nesse sentido: "Na regulação causalista, o nascimento da obrigação tributária depende da ocorrência do evento relatado no antecedente da norma. Quando este acontece no mundo fenomênico, os efeitos prescritos no consequente da norma são projetados, dando origem à relação jurídico tributária." BOZZA,

A Constituição Federal, em seu artigo 150, inciso I, expressa o princípio da legalidade, que permite não apenas a conclusão de que a exigência tributária depende de Lei que a estabeleça, mas também que apenas deverá haver sujeição ao pagamento de tributo quando caracterizada a hipótese legal. Apesar de a relação tributária ser decorrente da Lei e não da vontade do particular, é certa a possibilidade de opção por não incorrer nos fatos geradores, uma vez que inexiste na Constituição Federal a previsão de obrigatoriedade de incidência no fato gerador, sendo possível aos contribuintes atuar da forma que entendam mais adequada aos seus interesses[7]. Como bem destacado por LUCIANO DA SILVA AMARO[8]:

"Essa zona de atuação legítima (economia lícita de tributos) baseia-se no pressuposto de que ninguém é obrigado, na condu-

Fábio Piovesan. Planejamento Tributário e Autonomia Privada. Série Doutrina Tributária v. XV. São Paulo: Quartier Latins, 2015 p. 57

[6] "Quanto ao princípio da estrita legalidade, seu desdobramento principal é o de conferir a segurança necessária e indispensável ao contribuinte contra possíveis abusos do Estado, obrigando esse último a atuar sempre pautado na lei, pois isso implica a previsibilidade dos efeitos fiscais decorrentes dos atos e negócios jurídicos que praticar" VAZ, Paulo César Ruzisca; MIGUITA, Diego Aubin. Os limites e o futuro do planejamento tributário no Brasil em face da atuação das autoridades fiscais e da jurisprudência dos tribunais administrativos. Direito tributário contemporâneo: estudos em homenagem a Luciano Amaro. Ives Gandra da Silva Martins e João Bosco Coelho Pasin (coordenadores). São Paulo: Saraiva, 2013.,p. 91

[7] Nesse sentido, destaca-se Livia De Carli Germano: "[...] ausência de incompatibilidade entre o dever constitucional de contribuir e os princípios da autonomia privada e da livre-iniciativa permite ao contribuinte planificar suas decisões da forma como considere mais adequada a seus interesses." GERMANO, Livia De Carli. Planejamento Tributário e Limites Para A Desconsideração Dos Negócios Jurídicos. 1ª Edição, São Paulo: Editora Saraiva, 2013, p 29/30

[8] AMARO, Luciano. Direito tributário brasileiro. 15 ed. São Paulo: Saraiva, 2009, p. 229-230

ção de seus negócios, a escolher caminhos, os meios, as formas ou os instrumentos que resultem em maior ônus fiscal, o que, repita-se, representa questão pacífica."

A livre iniciativa, inclusive, é tratada na Constituição Federal[9] como fundamento da ordem econômica e financeira, sendo certo, portanto, o direito de opção por incorrer ou não no fato gerador da obrigação tributária. Nesse contexto, surge a discussão quanto a o que é válido ou inválido no âmbito do "planejamento tributário", assim entendido o conjunto de ações ou omissões praticadas pelo contribuinte, em momento anterior à ocorrência do fato gerador, com a finalidade de redução, eliminação ou postergação da incidência tributária[10].

A doutrina majoritária converge para o entendimento de que a validade da estruturação de negócios depende dessas características de licitude dos atos ou negócios jurídicos e implementação antes do nascimento da obrigação tributária[11], uma vez que, sendo essa decorrente de Lei, qualquer ato posterior, com o intuito de escapar ao cumprimento da obrigação fiscal, reveste-se de ilicitude[12]. Isso não significa que a presença des-

---

[9] "Art. 170. A ordem econômica, fundada na valorização do trabalho humano e na livre iniciativa, tem por fim assegurar a todos existência digna, conforme os ditames da justiça social, observados os seguintes princípios"

[10] Diversas razões levam os contribuintes a praticar o chamado planejamento tributário, sendo possível citar a elevada carga tributária do País, a existência de textos legais mal redigidos e confusos, e a própria busca pela lucro.

[11] Nas palavras de Heleno Taveira Torres, planejamento tributário é "[...] tão só a técnica de organização preventiva de negócios, visando a uma lícita economia de tributos, independentemente de qualquer consequência dos atos projetados" TORRES, Heleno Taveira. Limites do Planejamento tributário e a norma brasileira anti-simulação (LC 104/01). In: Oliveira Rocha, Valdir de (Coords.). Grandes questões atuais do direito tributário, v. 5, São Paulo: Dialética, 2001. P. 103

[12] RICARDO. "Reinterpretando a norma antievasão do parágrafo único do art. 116 do CTN", RDDT 76/86-87, São Paulo, Dialética, 2002. No mesmo sentido, destaca-se Luís Eduardo Schoueri: "O planejamento tributário assume interesse

sas características, por si só, valide o planejamento fiscal, sendo certo apenas que, sem elas, a conduta jamais será admitida. Essa situação é comumente chamada de "elisão fiscal", conceito que existe em oposição ao de "evasão fiscal", essa marcada por ações ou omissões que não respeitam os limites da licitude, afrontando preceitos normativos, como no caso de fraude ou sonegação fiscal, consistindo, por exemplo, na falsificação ou inserção de informações falsas ou inexatas em documentos fiscais, de modo a não pagar tributos ou reduzir a importância devida[13]. Em regra, a doutrina converge quanto a essa diferenciação[14], sendo pacificada a condenação da conduta evasiva.

justamente por não se encontrar em qualquer das hipóteses anteriores: cogita-se do particular que se vale de lacunas, de textos mal redigidos, do formalismo oriundo do histórico positivista do ordenamento tributário ou de práticas inusitadas, como forma de reduzir sua tributação. Todos os comportamentos considerados como planejamento tributário têm em comum a recusa do contribuinte, de um lado, de descumprir a legislação (daí não se confundir com a evasão), mas de outro, de dobrar-se à tributação que, doutro modo, seria exigível." SCHOUERI, Luís Eduardo. Planejamento Tributário: limites à norma antiabuso. Revista Direito Tributário Atual nº 24. São Paulo: Dialética e IBDT, 2010, p. 346
[13] Nesse sentido, destaca-se Ricardo Lobo Torres: "A evasão ilícita (tax evasion em inglês; Steuerhinterziehung em alemão) dá-se após a ocorrência do fato gerador e consiste na sua ocultação com o objetivo de não pagar o tributo devido de acordo com a lei, sem que haja qualquer modificação na estrutura da obrigação ou na responsabilidade do contribuinte. A palavra evasão, com sentido de ilícito fiscal, largamente empregada nos países de língua inglesa, entrou no Brasil pela obra de Sampaio Dória e foi adotada por grande parte da doutrina. Compreende a sonegação, a simulação, o conluio e a fraude contra a lei, que consistem na falsificação de documentos fiscais, na prestação de informações falsas ou na inserção de elementos inexatos nos livros fiscais, com o objetivo de não pagar o tributo ou de pagar importância inferior à devida (Lei nº 4.502/1964 – arts. 71, 72 e 73). É, também, crime definido pela lei penal. Não se confundem a fraude à lei, que é forma de elisão abusiva, e a fraude contra legem, que é evasão ilícita." TORRES, Ricardo Lobo. Planejamento Tributário: elisão abusiva e evasão fiscal. Ricardo Lobo Torres. 2 ed. Rio de Janeiro: Elsevier, 2013, p. 8/10
[14] "Consoante a distinção elaborada por renomados tributaristas presentes ao XIII Simpósio Nacional de Direito Tributário, realizado no Centro de Extensão

Apesar dessa clareza, o desenvolvimento e a complexidade das relações comerciais fez com que passasse a ser perceptível a existência de uma terceira figura, intermediária entre a elisão e a evasão, na qual a estrutura adotada pelo contribuinte, apesar de lícita, era sustentada em negócios jurídicos que não guardavam relação com a causa ou finalidade social dos institutos jurídicos utilizados, o que acaba por atingir, ainda que indiretamente, o ordenamento jurídico.

Essa figura foi classificada por RICARDO LOBO TORRES[15] como elisão ilícita, marcada pela prática de *"um ato revestido de forma jurídica que não se subsume na descrição abstrata da lei ou no seu espírito."*, na mesma linha do que expõe HELENO TAVEIRA TORRES[16], para quem essa figura é denominada "elusão", carac-

---

Universitária, a elisão consiste em "evitar, reduzir o montante ou retardar o pagamento de tributo, por atos ou omissões lícitos do sujeito passivo, anteriores à ocorrência do fato gerador"; ao passo que a evasão significa "evitar o pagamento de tributo devido, reduzir-lhe o montante ou postergar o momento em que se torne exigível, por atos ou omissões do sujeito passivo posteriores à ocorrência do fato gerador". (In: MARTINS, Ives Gandra da Silva (Coord.). Caderno de Pesquisas Tributárias, n. 14. São Paulo: Coed. CEU/Resenha Tributária, p. 491)."

[15] Ricardo Lobo Torres classifica essa terceira figura como evasão ilícita: "Elisão (tax avoidance em inglês; Steuerumgehung em alemão; elusione em italiano) pode ser lícita (= planejamento fiscal consistente) ou ilícita (= planejamento fiscal abusivo = abusivo tax avoindance). No primeiro caso, é a economia de imposto alcançada por interpretação razoável da lei tributária; no segundo, é a economia de imposto obtido pela prática de um ato revestido de forma jurídica que não se subsume na descrição abstrata da lei ou no seu espírito." TORRES, Ricardo Lobo. Planejamento Tributário: elisão abusiva e evasão fiscal. Ricardo Lobo Torres. 2 ed. Rio de Janeiro: Elsevier, 2013. p.8/10 .

[16] Para Heleno Taveira Torres, essa terceira figura é denominada de elusão fiscal, assim entendida como "o fenômeno pelo qual o contribuinte usa de meios dolosos para evitar a subsunção do negócio praticado ao conceito normativo do fato típico e a respectiva imputação dos efeitos jurídicos, de constituição da obrigação tributária, tal como previsto em lei." TORRES, Heleno Taveira. Limites ao planejamento tributário – normas antielusivas (gerais e preventivas) – a norma geral de desconsideração de atos ou negócios do direito brasileiro.

terizada pela utilização, pelo contribuinte, *"de meios dolosos para evitar a subsunção do negócio jurídico praticado ao conceito normativo do fato típico e a respectiva imputação de efeitos jurídicos, de constituição da obrigação tributária, tal como previsto em lei."*.

Apenas a título de ilustração, sem prejuízo da análise de casos práticos que será feita em tópico próprio, essa situação é perceptível, por exemplo, na hipótese de constituição de uma empresa por dois sócios, em que um integraliza o capital com dinheiro e o outro com um imóvel. Ao final do mesmo dia de constituição da empresa, ocorre a sua dissolução, ficando com o imóvel aquele que entrou com o dinheiro, e com esse aquele originalmente era proprietário do imóvel. No caso, é claro que as partes envolvidas utilizaram o instituto da empresa de maneira distorcida, para finalidade diversa – *evitar o recolhimento de imposto sobre o ganho de capital* – do que o exercício de um objeto social, contrariando a perspectiva de perenidade da empresa. Trata-se, portanto, de licitude apenas aparente[17].

O reconhecimento dessas situações, contudo, não costuma ser simples, seja pela dificuldade de identificação da linha tênue

In: Marins, James (Coord) Tributação e antielisão. Livro 3, 3. Tir. Curitiba: Juruá, 2003. P. 26, apud, GERMANO, Livia De Carli. Planejamento Tributário e Limites Para A Desconsideração Dos Negócios Jurídicos. 1ª Edição, São Paulo: Editora Saraiva, 2013, p. 67

[17] "Por não se tratar de descumprimento frontal da lei (ato contra legem) a elusão não se confunde com a evasão. Neste sentido (e apenas neste), a conduta elusiva se aproxima da elisão fiscal, tendo em vista que em ambas se utilizam atos formalmente lícitos com os quais se logra evitar o nascimento do dever tributário. Ocorre que o recurso a meios lícitos no máximo excluiu a qualificação do ato como passível de sanção, mas não determina sua admissibilidade para o direito, especialmente para fins fiscais. Assim, ao contrário da elisão, na elusão fiscal a licitude é apenas aparente, sendo portanto passível de correção (a depender da estrutura do ordenamento jurídico em que forem praticadas), em virtude de ferir indiretamente o ordenamento." GERMANO, Livia De Carli. Planejamento Tributário e Limites Para A Desconsideração Dos Negócios Jurídicos. 1ª Edição, São Paulo: Editora Saraiva, 2013, p. 61

que muitas vezes separa a elisão fiscal permitida daquela em que a licitude é apenas aparente, seja pela instransponível barreira da vedação à tributação por analogia, ou então da interpretação econômica do Direito Tributário[18], ou ainda pela necessidade de respeito aos princípios da livre iniciativa e da legalidade, que, como destacado no início deste tópico, servem justamente para garantir a legitimidade da tributação.

Nesse contexto, é interessante o posicionamento desenvolvido por MARCO AURÉLIO GRECO, no sentido de que o princípio da capacidade contributiva teria eficácia positiva, de modo a autorizar o Fisco a proceder à desconsideração dos efeitos tributários dos negócios jurídicos praticados pelos contribuintes, desde que identificada manifestação de capacidade contributiva, viabilizando a tributação, independentemente da qualificação dada pelo contribuinte aos seus atos jurídicos. Nas palavras do autor, *"[...] da perspectiva da capacidade contributiva, quando a lei estiver se referindo a compra e venda pode ser que ela não esteja se refe-*

---

[18] Sobre a interpretação econômica, Ricardo Lobo Torres observa que: "A interpretação fundada na jurisprudência dos interesses, que se opôs aos postulados da jurisprudência dos conceitos, projetou-se para o campo da fiscalidade por meio da 'consideração econômica do fato gerador' [...] prevista no art. 4º do Código Tributário alemão de 1919, por alguns apelada, inclusive no sentido pejorativo, de 'interpretação econômica'. Despreocupou-se inteiramente dos conceitos e categorias jurídicas. Os italianos desenvolveram teoria semelhante sob a denominação de interpretação formal.
Suas teses principais: autonomia do direito tributário frente ao direito privado; possibilidade de analogia; preeminência da capacidade contributiva sacada diretamente dos fatos sociais; função criadora do juiz; intervenção sobre a propriedade e regulamentação da vontade.
Corresponde, historicamente, ao período do Estado de Bem-estar Social, que entrou em crise e se desestruturou a partir dos anos 1970, também chamado de Estado-Providência ou Estado Intervencionista." TORRES, Lobo Ricardo. "Planejamento Tributário: elisão abusiva e evasão fiscal". 2ª edição. Rio de Janeiro. Elsevier, 2013; p. 12/13.

rindo ao nome 'compra e venda', mas ao tipo de manifestação de capacidade contributiva que se dá através da compra e venda."[19]

Com isso, o autor pretendeu expressar que, ainda que a conduta adotada pelo contribuinte não padeça de qualquer patologia, sendo lícita e anterior ao fato gerador, o princípio da capacidade contributiva permitiria que o Fisco alcançasse essa situação com a tributação, uma vez que presente esse signo presuntivo de riqueza. Na concepção de GRECO, essa conduta é necessária para garantir a isonomia tributária, pois seriam tributados da mesma forma todos aqueles que se encontrassem na mesma situação, independentemente da qualificação atribuída pelo contribuinte.

Esse pensamento foi combatido no âmbito doutrinário[20] em razão de o princípio da capacidade contributiva ser uma garantia dos contribuintes no sentido de que apenas haverá tributação quando caracterizada presunção de manifestação de riqueza, evitando, com isso, que atos desprovidos da capacidade de contribuir com o Estado fossem tributados. Trata-se, portanto, de uma limitação ao poder de tributar. A simples existência de capacidade contributiva não pode justificar a tributação, vide,

---

[19] GRECO, Marco Aurélio. Planejamento Tributário. São Paulo: Dialética, 2008. P. 328-329

[20] Lívia De Carli Germano: "Antes de analisarmos a eficácia do princípio da capacidade contributiva, convém examinar seus aspectos objetivo e subjetivo. SAMPAIO DÓRIA leciona que, objetivamente encarado, o princípio da capacidade contributiva consubstancia a exteriorização de riquezas capazes de suportar a incidência do ônus fiscal, de forma que, consistindo a tributação em uma absorção da renda ou patrimônio particulares, onde inexistam estes, será materialmente impossível exercer-se o poder tributário. Uma vez verificada a existência de valores tributáveis, entra em cena a capacidade contributiva subjetiva, a fim de determinar qual a proporção da renda ou patrimônio que deve ser absorvida pela tributação, levando-se em conta fatores econômicos individuais." GERMANO, Livia De Carli. Planejamento Tributário e Limites Para A Desconsideração Dos Negócios Jurídicos. 1ª Edição, São Paulo: Editora Saraiva, 2013, p. 32

por exemplo, o imposto sobre grandes fortunas, cujo objeto – *grandes fortunas* -, inquestionavelmente manifesta riqueza, mas, embora autorizado na Constituição Federal, até agora não foi instituído e regulamentado, impedindo a tributação.

2. O Parágrafo Único do Artigo 116 do CTN

Nesse contexto de ausência de norma que autorizasse a desconsideração dos efeitos tributários de negócios jurídicos praticados pelos contribuintes, foi introduzido no ordenamento jurídico brasileiro parágrafo único do artigo 116 do CTN, para, nas palavras da exposição de motivos da Lei que o introduziu: *"[...] estabelecer, no âmbito da legislação brasileira, norma que permita à autoridade tributária desconsiderar atos ou negócios jurídicos praticados com a finalidade de elisão, constituindo-se, dessa forma, em instrumento eficaz para o combate a procedimentos de planejamento praticados com abuso de forma ou de direito."*[21].

Como é possível perceber, essa modificação legislativa passou a permitir que a autoridade fiscal procedesse à desconsideração dos negócios jurídicos que, embora praticados com respeito à Lei, acabavam por atingir o ordenamento, ainda que indiretamente, razão pela qual são mencionados os institutos do abuso de forma e de direito. Essa modificação atendia aos anseios daqueles que eram contrários ao posicionamento até então majoritário no Conselho de Contribuintes, que era, sem prejuízo da análise mais aprofundada no próximo capítulo, no sentido de validação das estruturas em que houvesse respeito à legalidade[22], independentemente do seu propósito.

---

[21] Trecho retirado da exposição de motivos da LC nº 104/01.
[22] Sobre esse período, Luís Eduardo Schoueri destaca que: "[...] por muito tempo doutrina e jurisprudência nacionais, fortes no cânone da legalidade, não viram fundamento em qualquer preensão fiscal em face de expedientes adotados pelos contribuintes com vistas à economia tributária, mesmo que praticados atos sem qualquer motivação econômica." SCHOUERI, Luís Eduardo. "Planejamento

Logo após a edição dessa norma, foi iniciado debate acerca da sua constitucionalidade, tendo havido propositura de Ação Direta de Inconstitucionalidade[23] pela Confederação Nacional de Comércio, a qual, até o presente momento, ainda não foi julgada pelo Supremo Tribunal Federal, tendo havido, contudo, negativa do pedido liminar. Na ação, discutia-se afronta à legalidade, sob a justificativa de permissão da tributação sem a ocorrência do fato gerador, implicando violação ao princípio da tipicidade cerrada e da certeza e segurança das relações jurídicas.

No âmbito doutrinário, também foram levantados argumentos pela inconstitucionalidade da modificação, mas, como essa questão não faz parte do escopo deste artigo, limito-me a manifestar meu entendimento pela constitucionalidade do dispositivo, tanto em termos formais, já que respeitada a competência da União e utilizada lei complementar, quanto materiais, uma vez que a norma não está autorizando a tributação sem ocorrência do fato gerador, mas sim permitindo a desconsideração de hipóteses de desnaturação de institutos jurídicos com a finalidade de impedir a concretização de hipótese tributária, em linha do que destaca LUÍS EDUARDO SCHOUERI[24]:

> "[...] a norma antiabuso brasileira não substitui o fato ocorrido por outro imaginário; simplesmente, abstraem-se alguns fatos e juntam-se os elementos fáticos que sobram. Se a autoridade admi-

Tributário: limites à norma antiabuso". Revista Direito Tributário Atual nº 24. São Paulo: Dialética e IBDT, 2010. P. 345

[23] ADI 2446, proposta pela Confederação Nacional do Comércio. Em consulta realizada ao sítio eletrônico do STF, em 22.05.2016, verificou-se que o processo estava na conclusão ao Relator desde 18.11.2013.

[24] SCHOUERI, Luís Eduardo. "Planejamento Tributário: limites à norma antiabuso". Revista Direito Tributário Atual nº 24. São Paulo: Dialética e IBDT, 2010. P. 367

nistrativa for capaz de demonstrar, a partir de elementos fáticos restantes, que estes denotam a existência de outro negócio jurídico, então este não terá sido criado pela autoridade, mas apenas revelado, a partir de fatos efetivamente ocorridos. Se estes fatos correspondem à hipótese tributária, então haverá tributação.

Em síntese, o princípio da legalidade vedará que se inventem fatos. O contribuinte tem o direito de não incorrer no fato jurídico tributário. A norma geral antiabuso encontrará espaço, portanto, apenas quando se constatar que o fato jurídico tributário pode ter sido desnaturado por outros fatos, igualmente ocorridos, os quais acabam por impedir que se considere concretizada a hipótese tributária. Se os últimos fatos forem abusivos, poderá a lei complementar autorizar a sua desconsideração."

Superado esse ponto, importante observar que, de acordo com o texto do dispositivo, a sua aplicação depende de lei ordinária estabelecendo procedimento a ser adotado pela autoridade administrativa, o que até o presente momento não ocorreu, tendo sido rejeitada na parte que tratava desse assunto a Medida Provisória nº 66, de 29 de agosto de 2.002 ("MP nº 66/02"), por meio da qual se pretendeu a introdução no ordenamento jurídico brasileiro de institutos como o "abuso de forma" e a "falta de propósito negocial"[25]. Além disso, a MP nº 66/02 também previa prazo para que, havendo desconsideração dos efeitos tributários, o contribuinte realizasse o recolhimento do tributo,

---

[25] Art. 14. São passíveis de desconsideração os atos ou negócios jurídicos que visem a reduzir o valor de tributo, a evitar ou a postergar o seu pagamento ou a ocultar os verdadeiros aspectos do fato gerador ou a real natureza dos elementos constitutivos da obrigação tributária.
§ 1º Para a desconsideração de ato ou negócio jurídico dever-se-á levar em conta, entre outras, a ocorrência de:
I – falta de propósito negocial; ou
II – abuso de forma.

apenas com juros e multa de mora, sem, portanto, multa de ofício[26], algo notoriamente positivo.

Sobre a introdução dos institutos do "propósito negocial" e "abuso de forma", LUCIANO AMARO DA SILVA entendeu haver extrapolação de competência para a MP, uma vez que isso fugiria ao propósito de estabelecer procedimentos, conforme destacado a seguir:

> "Os procedimentos previstos no art. 116, parágrafo único, do Código Tributário Nacional, a serem seguidos pela autoridade administrativa na aplicação da norma ali contida, foram objeto dos arts. 15 a 19 da Medida Provisória n. 66/2002, em cujo processo de conversão (na Lei n. 10.637/2002) se suprimiram referidos artigos. A mesma medida, que, no art. 13, repetia o preceito do Código, ultrapassava, no art. 14, os limites ínsitos às normas procedimentais, ao pretender inovar a definição de hipóteses a que se aplicariam os procedimentos por ela disciplinados, com um rol exemplificativo de situações que, 'entre outras', estariam sujeitas a essa disciplina adjetiva. O dispositivo, em poucas palavras, atropelava a Constituição e o Código Tributário Nacional."[27]

A rejeição da MP nº 66/02 pelo Poder Legislativo fez com que o parágrafo único do artigo 116 do CTN não pudesse produzir efeitos, devendo aguardar pela adequada regulamentação do procedimento para sua aplicação. Trata-se de norma jurídica de eficácia limitada. Apesar disso, é possível encontrar decisões em processos administrativos que aplicaram o dis-

---

[26] Art. 17. A autoridade referida no art. 15 decidirá, em despacho fundamentado, sobre a desconsideração dos atos ou negócios jurídicos praticados.
§ 2º O sujeito passivo terá o prazo de trinta dias, contado da data que for cientificado do despacho, para efetuar o pagamento dos tributos acrescidos de juros e multa de mora.

[27] AMARO, Luciano da Silva. direito tributário brasileiro. 15. Ed. São Paulo: Saraiva, 2009, p. 239.

positivo, fundamentando na concepção de que o requisito de regulamentação estaria suprido pela existência do Decreto nº 70.235 de 6 de março de 1.972 ("Decreto nº 70.235/72"), que regulamenta, de maneira genérica, o processo administrativo no âmbito federal, vide abaixo:

> "[...] O art. 116, parágrafo único, do CTN requer, com vistas a sua plena eficácia, que lei ordinária estabeleça os procedimentos a serem observados pelas autoridades tributárias dos diversos entes da federação ao desconsiderarem atos ou negócios jurídicos abusivamente praticados pelos sujeitos passivos. No que concerne à União, há na doutrina nacional aqueles que afirmam ser ineficaz a referida norma geral antielisiva, sob o argumento de que a lei ordinária regulamentadora ainda não foi trazida ao mundo jurídico. Por outro lado, há aqueles que afirmam ser plenamente eficaz a referida norma, sob o argumento de que o Decreto nº 70.235/72, que foi recepcionado pela Constituição de 1988 com força de lei ordinária, regulamenta o procedimento fiscal. Dentre as duas interpretações juridicamente possíveis deve ser adotada aquela que afirma a eficácia imediata da norma geral antielisiva, pois esta interpretação é a que melhor se harmoniza com a nova ordem constitucional, em especial com o dever fundamental de pagar tributos, com o princípio da capacidade contributiva e com o valor de repúdio a praticas abusivas."[28]

Todavia, essa concepção é isolada[29] e não merece prosperar, dada a inexistência de qualquer previsão nesse sentido ou

---

[28] CONSELHO ADMINISTRATIVO DE RECURSOS FISCAIS CARF – Primeira Seção. SEGUNDA CMARA – PRIMEIRA TURMA RECURSO: RECURSO ESPECIAL DO CONTRIBUINTE MATÉRIA: IRPJ, CSLL ACÓRDÃO: 1201-001.136

[29] Em sentido contrário, é possível encontrar decisões que deixaram de aplicar o instituto da simulação em razão da ausência de regulamentação do parágrafo único do artigo 116 do CTN:

então dispositivo legal no Decreto nº 70.235/72 que institua procedimento para a aplicação do parágrafo único do artigo 116 do CTN. A rejeição da MP nº 66/02 implicou impossibilidade de produção de efeitos desde a sua edição. Por essa razão, RICARDO MARIZ DE OLIVEIRA critica a utilização dos institutos trazidos por essa MP para fundamentar decisões administrativas, conforme trecho abaixo:

> "Outra vez em que a mesma teoria tentou entrar no Direito Tirbutário Nacional foi quando a Medida Provisória nº 66, de 29 de agosto de 2002, quis regulamentar o parágrafo único do artigo 116 do CTN (...). Com a não conversão desse dispositivo em lei definitiva, perdeu ele a eficácia que tinha desde o início da vigência da medida provisória (...). Em face desse evento concreto da evolução legislativa, é surpreendente que algumas decisões administrativas ainda se valham da suposição de que a inexistência de motivação extratributária permitiria ao Fisco desconsiderar os atos ou negócios jurídicos praticados licitamente (...)"[30]

Atualmente, há notícia de tentativa de regulamentação por meio do Projeto de Lei nº 536/2007 ("PL nº 536/07"), que,

"CONSELHO ADMINISTRATIVO DE RECURSOS FISCAIS CARF – Primeira Seção MATÉRIA: IRPJ OMISSÃO DE RECEITAS ACÓRDÃO: 1301-001.356 "[...] A caracterização de simulação, na presente vertente, sem a necessária configuração das hipóteses próprias do art. 167 do Código Civil, somente seria possível com a aplicação das disposições do parágrafo único do Art. 116 do CTN, o que, atualmente – por falta de específica regulamentação -, não pode ser promovido pelos agentes da fiscalização fazendária."

[30] MARIZ DE OLIVEIRA, Ricardo. "Norma Geral Antielusão", publicado na revista "Direito Tributário Atual" n. 25, do Instituto Brasileiro de Direito Tributário – IBDT, Editora Dialética, 2011, p. 134/165, apud, SANTOS, Ramon Tomazela. O Desvirtuamento da Teoria do Propósito Negocial: da Origem no Caso Gregory vs. Helvering até a sua Aplicação no Ordenamento Jurídico Brasileiro. Revista Dialética de Direito Tributário. RDDT243:126, São Paulo: Editora Dialética, p. 138/139

diferentemente da MP nº 66/02, não apresenta os critérios que devem ser observados pela autoridade administrativa para proceder à desconsideração de atos ou negócios jurídicos, dedicando-se ao procedimento e limitando-se a expressar que são *"[...] passíveis de desconsideração os atos ou negócios jurídicos que visem ocultar os reais elementos do fato gerador, de forma a reduzir o valor do tributo, evitar ou postergar o seu pagamento."*[31].

Também é preciso destacar o Projeto de Lei do Senado nº 97/2013 ("PLS nº 97/2013"), que, apesar de não trazer qualquer aspecto notoriamente diverso do PL 536/07, apresenta, em sua Justificação, considerações interessantes sobre a ausência de regulamentação do parágrafo único do artigo 116 do CTN, conforme destacado a seguir:

> "O tempo foi passando e, apesar de o dispositivo não ter sido regulamentado e não poder ser efetivamente usado pela Secretaria da Receita Federal do Brasil, a vigilância sobre o planejamento tributário das empresas tem sido progressivamente aumentada, com o uso frequente, pela fiscalização, de outros dispositivos tidos como antielisivos, no intuito de reprimir e reclassificar atos considerados abusivos e fraudulentos.
>
> Infelizmente, a falta de transparência da interpretação do Fisco a procedimentos que, aparentemente, não ofendem normas tributárias federais tem causado indignação e é mais um fator a afugentar investimentos do País pela insegurança jurídica dela decorrente."

Sem alongar essa discussão, necessário destacar também o Projeto de Lei do Senado nº 537/2015 ("PLS nº 537/15") que, além de trazer novamente os institutos anteriormente previstos na MP nº 66/02, propósito negocial e abuso de forma, ainda propõe definição para o abuso de forma, instituto entranho ao

---

[31] Art. 1º, §1º, do PL nº 536/2007

ordenamento jurídico brasileiro, classificando-o como "[...] a prática de ato ou negócio jurídico indireto que produza o mesmo resultado econômico do ato ou negócio jurídico dissimulado."[32]

Superada da necessidade de regulamentação da norma, passa-se para a análise da finalidade do parágrafo único do artigo 116 do CTN, sendo boa parte das discussões relacionadas com a utilização, pelo legislador, do verbo "dissimular", o que poderia levar à conclusão de que a sua intenção foi de introduzir norma que visasse combater à simulação relativa.

Apesar de o escopo deste artigo não ser de esgotar a discussão acerca da finalidade do dispositivo, é importante destacar os principais posicionamentos da doutrina, como o de ALBERTO XAVIER, que defende a finalidade de combate à simulação relativa[33], fundamentando seu entendimento na interpretação literal do dispositivo e realizando comparação com a norma antielisiva do Direito Português, a qual é clara em expressar a desconsideração de negócios jurídicos praticados com o objetivo principal de redução ou eliminação de impostos que seriam devidos caso ocorre a prática de outros atos ou negócios jurídicos equivalentes[34]. Também entendendo pelo objetivo de com-

---

[32] Art. 2º.§3º, PL S nº 537/15

[33] De acordo com o próprio Alberto Xavier, na simulação absoluta aparenta-se celebrar um negócio jurídico quando, na realidade, não se pretende realizar negócio algum; na simulação relativa, as partes celebram, efetivamente, um contrato, mas, para enganar terceiros, o ocultam com um contrato aparentemente distinto do primeiro pela sua natureza ou pelas suas cláusulas e condições. E daí que, enquanto na simulação absoluta existe apenas um negócio correspondente à vontade declarada – o contrato simulado – na simulação relativa existem dois negócios jurídicos: o negócio simulado, correspondente à vontade declarada enganadora e o contrato, por baixo dele oculto ou encoberto – o negócio dissimulado, correspondente à vontade real dos seus autores." XAVIER, Alberto. Tipicidade da Tributação, Simulação e norma antielisiva. São Paulo: Dialética, 2001. P. 53 e 54

[34] "A diferença entre uma cláusula 'anti-simulação' e 'antielisão' resulta claramente da comparação entre a redação do novo parágrafo único do art. 116 do Código Tributário Nacional (cláusula anti-simulação) com o art. 38, nº 2

bate à simulação relativa, SCHUBERT DE FARIAS MACHADO chega a expressar que o parágrafo único do artigo 116 do CTN não teria promovido alteração significativa no ordenamento brasileiro, uma vez que o artigo 149, inciso VII[35], do mesmo diploma já tinha essa finalidade[36].

Em sentido contrário, a doutrina majoritária[37], com destaque para RICARDO MARIZ DE OLIVEIRA[38], LUÍS EDUARDO

da Lei Geral Tributária portuguesa (cláusula antielisão) e que reza assim: 'são ineficazes os atos ou negócios jurídicos quando se demonstre que foram realizados com o único ou o principal objetivo de redução ou eliminação dos impostos que seriam devidos em virtude de atos ou negócios jurídicos de resultado equivalente, caso em que a tributação recai sobre estes últimos'" XAVIER, Alberto. Tipicidade da tributação, simulação e norma antielisiva. Alberto Xavier. São Paulo: Dialética, 2001, p. 52

[35] Art. 149. O lançamento é efetuado e revisto de ofício pela autoridade administrativa nos seguintes casos:
VII – quando se comprove que o sujeito passivo, ou terceiro em benefício daquele, agiu com dolo, fraude ou simulação;

[36] "Tal situação levou a doutrina a esclarecer que o parágrafo único do art. 116 do CTN não trouxe alteração significativa ao ordenamento, uma vez que continua sendo necessária a dissimulação para que possa o Fisco desconsiderar atos ou negócios jurídicos praticados pelo contribuinte. Estivesse a mencionada norma a permitir que o Fiscal desconsiderasse atos ou negócios jurídicos válidos, mesmo que a pretexto de prevalecer a substância sobre a forma, seria inconstitucional, em face das garantias de que não pode haver tributo sem lei e da liberdade de iniciativa econômica, que envolve o direito à auto-organização." FARIAS MACHADO, Schubert de. Fundamentos Jurídicos do Planejamento Tributário. Planejamento tributário. Hugo de Brito Machado (coordenador); André Elali ... [et al.]. São Paulo: Malheiros: ICET, 2016, p. 668

[37] Apesar de os autores possuírem divergências entre a finalidade do parágrafo único do artigo 116 do CTN, o objetivo aqui é apenas demonstrar a oposição desses autores à concepção de que a norma objetivava combater apenas a simulação relativa.

[38] Nesse sentido: "[...] utilização de um termo equívoco para essa finalidade ("dissimular"), equívoco não no seu sentido semântico, mas para o fim pretendido [...]"MARIZ DE OLIVEIRA, Ricardo. "Norma Geral Antielusão", publicado na revista "Direito Tributário Atual" n. 25, do Instituto Brasileiro de Direito Tributário – IBDT, Editora Dialética, 2011, p. 137

SCHOEURI e MARCO AURÉLIO GRECO[39], sustenta, em linhas gerais, que a verdadeira finalidade do parágrafo único do artigo 116 do CTN seria de combater as situações em que o contribuinte pratica atos lícitos, mas sustentados em estruturas incoerentes com a causa, ou razão social, dos institutos utilizados, em que pese a utilização inapropriada do termo "dissimular". Aliás, para GRECO, esse termo deve ser compreendido como *"ocultar ou encobrir com astúcia; disfarçar, não dar a perceber; calar; fingir; atenuar o efeito de; tornar pouco sensível ou notável; proceder com fingimento, hipocrisia; ter reserva; não revelar os seus sentimentos ou desígnios; esconder-se."*[40]

Nesse sentido, destaca-se a conclusão de LUÍS EDUARDO SCHOEURI:

> "Não obstante tal leitura pareça ser a mais acertada do dispositivo, respeitáveis doutrinadores vêm oferecendo uma leitura diversa para o texto legal: no lugar de cogitarem de casos de simulação, o referido parágrafo representaria a chamada 'cláusula geral antiabuso'. Nesse caso, a expressão 'dissimular' não teria o sentido próprio do Direito Privado, mas antes de um sentido diverso: o contribuinte praticaria atos (válidos) que acabariam por conferir natureza jurídica diversa a outros atos, afastando, daí, a tributação." [41]

---

[39] Nesse sentido: "Como uma das possibilidades é "dissimulação" equivaler a "simulação", mas como aquela comporta outros significados, e como o CTN passou a se utilizar de ambos os termos, concluo que o sentido de 'dissimular', no parágrafo único do artigo 116, abrange o 'simular', mas tem maior amplitude semântica que este. Porém, tratando-se de 'simulação', o artigo 149, VII, do CTN, prevê ser esta hipótese de lançamento de ofício o que afasta a aplicação do artigo 116, parágrafo único." (GRECO, Marco Aurélio. Planejamento Tributário. 3. Ed. São Paulo. Dialética, 2011. P. 554)

[40] Marco Aurélio Greco obteve essa definição do Dicionário Aurélio século XXI, no verbete "dissimular".

[41] SCHOUERI, Luís Eduardo. "Planejamento Tributário: limites à norma antiabuso". Revista Direito Tributário Atual nº 24. São Paulo: Dialética e IBDT, 2010. P. 346

Trata-se, portanto, de modificação legislativa com finalidade justamente de combater aqueles casos situados entre a elisão e a evasão, em que há obediência à legislação, mas desrespeito com a finalidade do instituto. Esse entendimento é confirmado com a análise das medidas que tentaram regulamentar a matéria, sempre destacando a distinção para com as hipóteses de dolo, fraude e simulação, já presentes no artigo 149, inciso VII, do CTN.

A ausência de regulamentação do parágrafo único do artigo 116 do CTN, além de impedir sua utilização, faz os julgadores administrativos careçam de fundamentação para promover a desconsideração dos planejamentos tributários que consideram como abusivos, fazendo-os fundamentar suas decisões, com frequência, em institutos do Direito Civil, cuja aplicação no âmbito tributário é questionável, tal como o abuso de direito e a fraude à lei, ou então que sequer encontram respaldo válido no Direito brasileiro, como a falta de propósito negocial ou o abuso de formas.

Além disso, independentemente da ausência da adequada regulamentação do parágrafo único do artigo 116 do CTN, fato é que a simples existência da norma parece influenciar na atuação dos agentes fiscalizadores e julgadores administrativos, já que legitimou a intenção do ordenamento de repreender as condutas abusivas que visassem à economia tributária. Ou seja, a norma, apesar de não ser aplicável, produz efeitos, ainda que de maneira indireta, comumente apoiada nos institutos de Direito Civil[42]. Nesse sentido, PAULO CÉSAR RUZISCA VAZ e DIEGO AUBIN MIBUITA, em artigo conjunto, observam que: *"O que se quer dizer é que, inspirados na sua existência e nos conceitos teóricos em que se apoia, fiscalização e alguns julgadores têm incorporado em*

---

[42] Interessante destacar que a edição do Código Civil (Lei nº 10.406, de 10 de janeiro de 2002) ocorreu pouco tempo depois dessa norma.

suas práticas esses conceitos, ainda que à revelia de fundamento legal ou normativo para respaldar tal comportamento. "[43]

3. A Jurisprudência Administrativa

Em um primeiro momento, antes mesmo da modificação promovida pela LC nº 104/01, a jurisprudência do CARF foi marcada por analisar os negócios jurídicos pelo prisma de formalidade, de modo que, caso os contribuintes observassem os requisitos previstos em lei para determinado negócio jurídico, o planejamento era considerado como legítimo[44]. Essa concepção tem como objetivo a supremacia da autonomia da vontade, o que torna o planejamento tributário praticamente ilimitado, desde que, é claro, sejam adotados atos lícitos.

Sobre esse período, em que eram comuns as proclamações, nas defesas dos contribuintes, do princípio da legalidade, da tipicidade cerrada e da reserva absoluta de lei, bem como o direito à auto-organização, destacam-se diversos julgados[45], como, por exemplo, o acórdão da Câmara Superior de Recursos

---

[43] VAZ, Paulo César Ruzisca; MIGUITA, Diego Aubin. Os limites e o futuro do planejamento tributário no Brasil em face da atuação das autoridades fiscais e da jurisprudência dos tribunais administrativos. Direito tributário contemporâneo: estudos em homenagem a Luciano Amaro. Ives Gandra da Silva Martins e João Bosco Coelho Pasin (coordenadores). São Paulo: Saraiva, 2013, p. 94

[44] FAJERSZTAJN, Bruno; TOMAZELA SANTOS, Ramon. Planejamento tributário – entre o positivismo formalista e o pós-positivismo valorativo: a nova fase da jurisprudência administrativa e os limites para a desconsideração dos negócios jurídicos. Revista Dialética de Direito Tributário. RDDT223:38, São Paulo: Editora Dialética;p. 49

[45] "IRPJ – CSLL – SIMULAÇÃO – OPERAÇÃO DE SWAP. Para que se possa caracterizar a simulação relativa é indispensável que o ato praticado, que se pretende dissimular sob o manto do ato ostensivamente praticado, não pudesse ser realizado por vedação legal ou qualquer outra razão. Se as partes queriam e realizaram negócio sob a estrutura de swap para atingir indiretamente economia de tributos não restou caracterizada a declaração enganosa de vontade, essencial na simulação." (Ac. nº 101-93.616; 20/09/2001)

Fiscais ("CSRF") nº 010-1874, no qual uma empresa lucrativa foi incorporada por outra deficitária, sendo que, após esse procedimento, a empresa incorporadora assumiu o objeto, a sede e outros elementos da empresa incorporada, o que levou à conclusão pela agente fiscal a entender pela existência de simulação, o que não foi mantido, conforme Ementa abaixo reproduzida:.

"IRPJ. SIMULAÇÃO NA INCORPORAÇÃO. Para que se possa materializar é indispensável que o ato praticado não pudesse ser realizado, fosse por vedação legal ou por qualquer outra razão. Se não existia impedimento para a realização da incorporação tal como realizada e o ato praticado não é de natureza diversa daquele que de fato aparenta, isto é, se de fato e de direito não ocorreu ato diverso da incorporação não há como qualificar-se a operação de simulada. Os objetivos visados com a prática do ato não interferem na qualificação do ato praticado, portanto, se o ato praticado era lícito, as eventuais consequências contrárias ao fisco devem ser qualificadas como casos de elisão fiscal e não de evasão ilícita." (Acórdão CSRF 010-1874, de 15 de maio de 1995, relatora Mariam Seif)

Como se pode perceber pela análise desse trecho, o contribuinte apenas não poderia praticar aquilo que fosse expressamente vedado por lei. Esse posicionamento perdurou por muitos anos, mas, com o tempo, mostrou-se incompatível com a evolução das estruturas negociais, uma vez que passou a ser comum a validação de modelos em que contribuintes se valiam de estruturas desprovidas de essência jurídica, assim entendida a situação em que há o encontro do instituto jurídico com a sua causa. Não é preciso desenvolver muito o raciocínio para compreender o efeito negativo para o ordenamento da utilização distorcida dos institutos jurídicos a ele pertencentes.

Como bem observa HUMBERTO ÁVILA, essa conduta representava uma valorização exclusiva da interpretação literal:

"A compreensão do Direito como um objeto previamente dado, e cuja existência é totalmente independente das atividades concernentes à sua aplicação, conduziu ao exame da segurança jurídica pelo viés quase exclusivo da exigência de determinação das hipóteses normativas, da qual é consectária a idolatria do assim denominado princípio da tipicidade fechada no Direito Tributário. Tal entendimento, no entanto, restringiu a discussão da segurança jurídica a fatores sem dúvida importantes, mas unicamente ligados à estrutura da linguagem, dos quais decorreram não apenas intermináveis discussões a respeito da sua determinação, como também, de modo refletido, incansáveis debates sobre a sua incapacidade de fornecê-la."[46]

Além disso, não se pode deixar de considerar que isso representaria supressão da carga tributária de todos aqueles que possuíssem recursos para planejar e implementar estruturas mais complexas do que a forma usual do negócio jurídico tributado, o que resultaria na ausência de tributação em situações de manifestação de capacidade contributiva, com incidência tributária em outras semelhantes – diferentes na forma, mas idênticas no conteúdo – o que acaba por violar o princípio da isonomia. Esse processo, com o tempo, faria com que houvesse uma completa distorção de institutos jurídicos, pois todos passariam a adotar essas estruturas, de modo que inúmeras empresas surgiriam com o propósito de realização de uma simples compra e venda.

Não se pretende, com isso, concordar com o racional desenvolvido com MARCO AURÉLIO GRECO, mas apenas expressar que o contencioso administrativo não pode tolerar situações que representem violação frontal ao ordenamento, revestidas

---

[46] ÁVILA, Humberto. Teoria da segurança jurídica. Humberto Ávila. 3. Ed. São Paulo: Malheiros Editores, 2014, p. 682

por um falso manto de legalidade. O ordenamento não deve combater apenas o ilícito, mas também o incoerente, pois os institutos existem para serem utilizados de acordo com a sua finalidade. Em uma compra e venda, por exemplo, uma parte deverá entregar uma coisa, enquanto que a outra deverá realizar o pagamento. Qualquer estrutura revestida de compra e venda, mas sem essas características, não deve ser assim considerada.

Conforme já mencionado anteriormente, o contribuinte pode planejar os seus negócios de modo a buscar a menor incidência tributária, principalmente em razão de o Brasil ser reconhecidamente um País em que os tributos representam parte significante do valor final da produção, mas isso não significa a perseguição dessa finalidade a qualquer custo. O contribuinte pode, com razão, dentre variadas alternativas, escolher aquela com o menor custo, o que não significa permissão para criação de estruturas anômalas e dissociadas de todo o restante do sistema jurídico.

Com isso, tem-se que o ideal de mudança para a jurisprudência administrativa seria a persecução da essência dos negócios jurídicos, analisando-os como um todo, independentemente do quanto representado por atos isolados, buscando coerência entre os atos praticados e sua finalidade social. Contudo, a jurisprudência do Conselho de Contribuintes mudou, mas para tentar localizar a existência de propósito negocial nas operações analisadas, o que resultou não apenas na condenação de estruturas até então aceitas[47], mas também em julgamentos

---

[47] Analisando esse período, Ricardo Mariz de Oliveira observa que : "Assim agindo, a jurisprudência administrativa viola o que ela própria apregoa, isto é, que não existem direitos absolutos. Afirmação correta em tese, mas falsa na prática, quando simplesmente se dá caráter absoluto a alguns princípios em detrimento de outros, ou se adotam teorias não fundadas no direito tributário brasileiro, constitucional e infraconstitucional. O resultado de tal postura não

com conceitos carregados de subjetivismo, como, por exemplo, a solidariedade social e a boa-fé objetiva[48].

Sobre essa mudança abrupta, RICARDO MARIZ DE OLIVEIRA[49] destaca que:

> "Assim, voltando-nos para trás, e não se tratando de ir muito longe, seriam no máximo os últimos dez anos, o que situa o passado numa época em que a jurisprudência administrativa, principalmente no âmbito federal, deu uma guinada de cento e oitenta graus, passando de um estado de apreciação "mais liberal" dos casos de planejamento tributário para um estado de condenação, verdadeiramente apriorística, de uma maioria assustadora dos recursos que chegaram às câmaras administrativas."

Como é possível perceber pela manifestação do autor, passou-se de um período de liberdade absoluta e formalismo exa-

poderia ser outro, pois a insegurança jurídica ficou instalada, ainda que o fisco tenha ganho alguns casos, cuja quantidade não interessa se sua qualidade não foi minimamente aceitável." MARIZ DE OLIVEIRA, Ricardo. "Planejamento tributário nos tempos atuais". Revista Fórum de Direito Tributário n. 66, p. 123, 2013. Disponível em: < http://www.marizsiqueira.com.br/Artigos.html >. Acesso em 12.05.2016

[48] Sobre essa mudança, Humberto Ávila destaca que: "E, justamente porque esses conceitos de solidariedade, dignidade humana, boa-fé objetiva, concretude, socialidade – e assim sucessivamente –, deverão ser concretizados, é só ingenuamente que nós vamos achar que esse modelo é um modelo progressista, porque quem vai concretizar esses conceitos são as autoridades que estão no poder, e essa pretensão de progressismo vai terminar sendo o conservadorismo, porque quem irá definir serão os titulares do próprio poder." "Planejamento Tributário", conferência do Professor Humberto Ávila, proferida em outubro de 2006 perante o XX Congresso Brasileiro de Direito Tributário promovido pelo Instituto Geraldo Ataliba – Instituto Internacional de Direito Público e Empresarial – IDEPE, que está reproduzida na Revista de Direito Tributário n. 98, p. 82/83

[49] MARIZ DE OLIVEIRA, Ricardo. "Planejamento tributário nos tempos atuais". Revista Fórum de Direito Tributário n. 66, p. 123, 2013. Disponível em: < http://www.marizsiqueira.com.br/Artigos.html >. Acesso em 12.05.2016

cerbado, para se chegar ao outro extremo, no qual todos os negócios jurídicos em que houvesse economia tributária passaram a ser considerados como potencialmente ilegítimos. Esse período abriu as portas para teorias oriundas de outros países, tal como a do propósito negocial, também chamada de "*business purpose*".

O Conselho de Contribuintes passou a considerar que a ausência de propósito que transcendesse a economia de tributos levava à inevitável conclusão de que a estrutura adotada estava eivada de vício, como, por exemplo, a simulação. Essa característica, por si só, seria suficiente para a conclusão acerca da validade do planejamento tributário. Estruturas até então consideradas como válidas, como a denominada "incorporação às avessas", quando uma empresa lucrativa é incorporada por outra deficitária, carregada de prejuízos fiscais, passaram a ser repentinamente condenadas[50].

Ricardo Lobo Torres, para quem essa mudança representou adoção da interpretação econômica do fato gerador, traça uma comparação com relação à primeira fase:

[50] "INCORPORAÇÃO REVERSA. INOPONIBILIDADE AO FISCO. GLOSA DE PREJUÍZOS FISCAIS. As operações estruturadas entre partes relacionadas, visando um objetivo único, predeterminado à realização de todo o conjunto, indicam também uma causa jurídica única e devem ser examinadas em conjunto. Para se aferir o limite às operações de planejamento tributário, é preciso indagar se existe motivo para a realização do ato ou negócio jurídico, se o motivo é extra-tributário e se o motivo seria suficiente para a realização do negócio nos moldes que foi feito. Na incorporação reversa, se a mudança no ramo de atividade da empresa evidencia que o objeto social predominante após a incorporação é o da empresa incorporada e não o da incorporadora, devem ser afastadas as razões negociais alegadas como suporte à incorporação da controladora pela controlada. Inexiste propósito negocial apto a justificar a incorporação de uma controladora superavitária por uma controlada deficitária, quando o único efeito prático verificado com a incorporação reversa foi o aproveitamento imediato do prejuízo fiscal acumulado, o qual deve ser glosado." (acórdão nº 1202-001.060; 29/07/2014)

"As duas correntes teóricas acima referidas caminharam para a exacerbação de suas teses, petrificando-se em posições positivistas normativistas e conceptualistas, de um lado, ou positivistas historicistas e sociológicas, de outra parte. O conceptualismo levou ao abandono da consideração da situação econômica e social e à convicção ingênua de que a letra da lei tributária capta inteiramente a realidade, eis que existe plena correspondência entre linguagem e pensamento. A interpretação econômica transformou-se na defesa do incremento da arrecadação do Fisco, por se vincular à vertente da atividade arrecadatória do Estado."[51]

Nesse contexto, passou a ser utilizada a fundamentação com base na ausência do chamado propósito negocial, de modo que o planejamento tributário, caso não atendesse a esse requisito, passava a ser visto de maneira diferente, independentemente de outros aspectos. Nesse sentido, merece destaque o acórdão nº 1402-001.404[52], no qual, mesmo após a descaracterização da acusação de simulação, prevaleceu o entendimento de que deveria ser mantido o crédito tributário, haja vista a ausência de propósito negocial, conforme trecho abaixo:

"AMORTIZAÇÃO DO ÁGIO. UTILIZAÇÃO DE SOCIEDADE VEÍCULO SEM PROPÓSITO NEGOCIAL. ANTECIPAÇÃO DE EXCLUSÕES DO LUCRO REAL E DA BASE DE CÁLCULO DA CSLL. IMPOSSIBILIDADE. A utilização de sociedade veículo, de curta duração, colimando atingir posição legal privilegiada, quando ausente o propósito negocial, constitui prova da artificialidade daquela sociedade e das operações nas quais ela tomou parte, notadamente a antecipação de exclusões do lucro real e da base de

---

[51] TORRES, Lobo Ricardo. "Planejamento Tributário: elisão abusiva e evasão fiscal". 2ª edição. Rio de Janeiro. Elsevier, 2013; p. 13/14

[52] Acórdão selecionado por Ramon Tomazela em artigo para a Revista Dialética de Direito Tributário, destacado a seguir.

cálculo da CSLL. A operação levada a termo nesses moldes deve ser desconsiderada para fins tributários. SIMULAÇÃO. SUBSTANCIA DOS ATOS. Não se verifica a simulação quando os atos praticados são lícitos e sua exteriorização revela coerência com os institutos de direito privado adotados, assumindo o contribuinte as conseqüências e ônus das formas jurídicas por ele escolhidas, ainda que motivado pelo objetivo de economia de imposto."[53]

Apesar dessa utilização, é importante destacar que o propósito negocial não encontra qualquer sustentação no ordenamento jurídico brasileiro, sendo resultado de importação de teoria oriunda dos Estados Unidos[54], a qual foi aplicada em caso repleto de particularidades, como bem analisado por RAMON TOMAZELA, que destaca que, no caso, denominado de *"Gregory vs. Helvering"*, as normas tributárias aplicáveis para reorganização societária, exigiam, por meio de uma interpretação finalística, um propósito negocial. Com isso, conclui-se que, apesar de o contribuinte não ser obrigado pelo caminho que resulte no maior recolhimento de tributos, inexistindo dever patriótico nesse sentido, as normas em análise não poderiam ser interpre-

---

[53] Acórdão nº 1402-001.404; 23/01/2014
[54] "Também se sabe que fora do Brasil, com ou sem base em lei explícita, foram construídas teorias para o combate ao planejamento tributário abusivo, tal como a do abuso de forma, que também é conhecida como a prevalência da substância econômica sobre a forma jurídica, e que se desdobra na interpretação econômica ou pelos efeitos econômicos dos atos, mais apropriadamente referida como consideração econômica dos atos dos contribuintes.
Tais construções são muitas vezes pretorianas, como o histórico caso Gregory vs. Helvering, que inaugurou na jurisprudência norte-americana a ideia de que o planejamento tributário lícito tem que ter um 'business purpose', isto é, outra motivação não tributária, ideia esta que se espalhou para outras jurisdições e, inclusive, foi adotada por alguns autores brasileiros e por diversos acórdãos da nossa jurisprudência administrativa federal." MARIZ DE OLIVEIRA, Ricardo. "Norma Geral Antielusão", publicado na revista "Direito Tributário Atual" n. 25, do Instituto Brasileiro de Direito Tributário – IBDT, Editora Dialética, 2011, p. 132.

tadas apenas literalmente, devendo haver uma compreensão de acordo com a sua finalidade. Com isso, no caso, dada a ausência de propósito negocial, deveria ser aplicada a regra geral sobre a transferência de ações, com cobrança do resultado positivo auferido pelo acionista.[55]

Como é possível perceber, a teoria do propósito negocial é construída a partir de um caso repleto de particularidades, não sendo possível admitir sua utilização indiscriminada no Direito brasileiro, de modo que deve ser analisada a sua compatibilidade com determinadas vedações do ordenamento pátrio. Como observa RICARDO MARIZ DE OLIVEIRA: *"Como bem sabem todos os juristas, não é possível simplesmente importar preceitos do Direito de outros países, para aplicá-los aqui sem uma análise crítica e comparativa das diferenças entre o regime jurídico do país de origem e o nosso."*[56]

Desse modo, a teoria do propósito negocial pode ser utilizada como um indício, mas nunca como a fundamentação para a desconsideração dos efeitos tributários dos negócios jurídicos praticados[57]. Nesse sentido, destaca-se trecho de LUÍS EDUARDO SCHOUERI:

---

[55] SANTOS, Ramon Tomazela. O Desvirtuamento da Teoria do Propósito Negocial: da Origem no Caso Gregory vs. Helvering até a sua Aplicação no Ordenamento Jurídico Brasileiro. Revista Dialética de Direito Tributário. RDDT243:126, São Paulo: Editora Dialética,p. 130

[56] (OLIVEIRA, Ricardo Mariz de. "Norma geral antielusão". Revista Direito Tributário Atual nº 25. São Paulo: Dialética e IBDT, 2011, p. 213

[57] Nesse sentido, destaca-se Ramon Tomazela: "Assim, pelo menos no Brasil, a teoria do propósito negocial somente pode ser utilizada como elemento auxiliar que pode ser avaliado como indício para a eventual caracterização de patologia que autorize a desconsideração ou requalificação de atos ou negócios jurídicos praticados pelos contribuintes, mas não como critério determinante para o exame de operações de planejamento tributário." TOMAZELA SANTOS, Ramon. O Desvirtuamento da Teoria do Propósito Negocial: da Origem no Caso Gregory vs. Helvering até a sua Aplicação no Ordenamento Jurídico Brasileiro. Revista

"Alheio a todo esse processo, o Carf passou a incorporar em suas decisões o tema do propósito negocial. Se de início isso se fazia sob o manto da simulação, casos mais recentes evidenciam que aquele órgão administrativo já vê referido instrumento incorporado ao Ordenamento, dispensando qualquer nova fundamentação. Simplesmente, invocam-se precedentes, que se tornam, desse modo, parte do Direito vigente."[58]

Em mestrado sobre o comportamento da jurisprudência administrativa no âmbito federal, entre os anos de 2006 e 2008, VALTER PEDROSA BARRETO JÚNIOR constatou que, mesmo operações com características semelhantes, apesar de terem o mesmo desfecho, acabavam sendo fundamentadas em institutos jurídicos diversos, de tal modo que sequer é possível encontrar uma definição quanto ao que seria cada um deles, não havendo, ainda, relação com sua fundamentação no Direito Civil, conforme trecho a seguir:

"Verificamos, também, que, a par de algumas incoerências encontradas, as operações com as mesmas características tendem a ter o mesmo desfecho quanto à legitimidade das operações, porém os institutos utilizados para fundamentar tal resultado (como simulação, abuso de direito, propósito negocial, etc.) não mantêm uma uniformidade. Constatamos que os próprios institutos, da forma pela qual vêm sendo manejados nas decisões, foram misturados e não encontram mais correspondência conceitual com as figuras conhecidas pela doutrina. Na maioria dos julgados foi possível identificar um instituto híbrido: a simulação

---

Dialética de Direito Tributário. RDDT243:126, São Paulo: Editora Dialética, p. 127
[58] SCHOUERI, Luís Eduardo .O Refis e a desjudicialização do planejamento tributário. Revista Dialética de Direito Tributário. RDDT232:103, São Paulo: Editora Dialética P. 115

decorrente do descompasso entre a forma e a sua substância e/ou decorrente da ausência de propósito negocial. "[59]

A utilização de institutos do Direito Privado, sem a devida correspondência com a forma prevista na legislação específica, foi objeto de críticas por parte da doutrina, não apenas pela falta de coerência na utilização desses institutos, mas também pela sua própria inaplicabilidade ao Direito Tributário.

A título exemplificativo, não sendo o esgotamento desta discussão um dos propósitos deste artigo, LUÍS EDUARDO SCHOUERI[60] critica a utilização do abuso de direito para fins tributários, uma vez que, desde 2002, com a Lei nº 10.406, de 10 de janeiro de 2002 (Código Civil), o abuso de direito passou a ser previsto como ato ilícito[61], fazendo desaparecer um dos requisitos básicos do planejamento, qual seja, a necessidade de fundamentação em atos lícitos. Além disso, prossegue o autor:

> "Não é pacífico, na doutrina, se o abuso do direito pressupõe a intenção de prejudicar outrem. Haverá que, partindo da noção de ato emulativo, localizará no abuso de direito tal intenção (animus nocendi) e outros que entenderão que o abuso do direito pode existir mesmo sem a intenção, bastando que haja a forma culposa. Por último, surgirá quem defenda a teoria objetiva do abuso do direito, como o fez no Brasil Pedro Baptista Martins, o

[59] Conforme resenha da dissertação de Mestrado intitulada "Planejamento tributário na jurisprudência do Conselho Administrativo de Recursos Fiscais: desafios de uma pesquisa empírica", constante da Biblioteca da Fundação Getúlio Vargas. Disponível em: < http://bibliotecadigital.fgv.br/dspace/handle/10438/8377 > Acesso em 10.06.2016.
[60] SCHOUERI, Luís Eduardo. Planejamento Tributário: limites à norma antiabuso. Revista Direito Tributário Atual nº 24. São Paulo: Dialética e IBDT, 2010, p. 348
[61] Art. 187. Também comete ato ilícito o titular de um direito que, ao exercê-lo, excede manifestamente os limites impostos pelo seu fim econômico ou social, pela boa-fé ou pelos bons costumes.

qual, baseando-se em Ripert, criticou os que exigem a ocorrência do elemento subjetivo, para a caracterização do abuso do direito.

Independentemente da postura que se adote, a caracterização do abuso do direito exigirá, em qualquer caso, que do exercício de um direito se atinja direito alheio. O direito de cada um, diziam nossos mestres, reproduzindo o que a boa educação já ensina em casa – termina quando começa o do outro. Daí ser imperativo indagar qual o direito que teria sido atingido, no caso do abuso do direito em matéria tributária.

Para sustentar a tese do abuso do direito, Marco Aurélio se baseia em trecho de Serpa Lopes, dele inferindo que a sociedade seria a 'credora da obrigação de não abusar', conceito que estaria 'em sintonia com a ideia de função social da propriedade contemplada no artigo 5º, XXIII da CF/88, onde assume a feição de um dever individual e um direito da coletividade'.

O raciocínio baseia-se, à evidência, na concepção da supremacia do interesse público, revelado, em matéria tributária, no princípio da capacidade contributiva. Não é este o local para questionar tal supremacia. Basta que se diga que o interesse público de arrecadar não é superior ao interesse público de ver a legalidade prestigiada.

[...]

Daí ser inaceitável cogitar de abuso de direito em matéria tributária: se o planejamento tributário se define por não se concretizar o fato jurídico tributário, então não há qualquer 'direito da coletividade' que possa ter sido afetado. "

Como se pode perceber, a citação acima ilustra os diversos aspectos que podem ser debatidos acerca da legitimidade para aplicação de conceitos retirados do Código Civil nos julgamentos tributários. Há uma série de particularidades que não podem ser desconsideradas e que acabam por criar figuras estranhas ao próprio ordenamento, já que diversas daquelas previstas na legislação civil e sem qualquer sustentação legal no Direito Tributário. Não se pode admitir a tributação com base em conceitos indeterminados:

> "Sustentar que nós vamos tributar com conceitos jurídicos indeterminados, que irão evoluir segundo o contexto, e que isso dará certo, é padecer de uma cegueira institucional; é não conhecer como funciona a Administração; é desconhecer como funciona o Judiciário abarrotado, com milhões de processos, com juízes novos que não são – nem poderiam ser – especialistas em direito tributário. Nós precisamos, nas nossas concepções, absorver as capacidades institucionais e interpretativas. E, mais que uma virada linguística, que está na moda, nós precisamos fazer uma virada institucional. As instituições funcionam de determinada forma. É absolutamente ingênuo entender eu esses conceitos de boa-fé, se solidariedade social e de dignidade humana sempre se prestam a bons propósitos."[62]

Justamente em razão dessa indefinição de institutos[63], cada hora definidos da forma mais adequada à desconsideração dos

---

[62] "Planejamento Tributário", conferência do Professor Humberto Ávila, proferida em outubro de 2006 perante o XX Congresso Brasileiro de Direito Tributário promovido pelo Instituto Geraldo Ataliba – Instituto Internacional de Direito Público e Empresarial – IDEPE, que está reproduzida na Revista de Direito Tributário n. 98, p. 82

[63] "E, quando se trata de planejamento tributário, é isto o que ocorre nos "tempos atuais" da jurisprudência administrativa, pois as regras não são absolutamente as mesmas quando julgamentos são proferidos com a invocação das mesmas regras jurídicas, porém inadequadamente algumas vezes, erradamente em outras e ostensivamente afastadas nos casos mais graves de malferimento do direito. Quanto a estes últimos, também se subdividem em mais de um tipo de comportamento, mas de todos o mais crítico, exemplo característico do que se passa nos "tempos atuais", é o da afirmação parcialista-ideológico-presunçosa de que os atos do contribuinte podem ser lícitos segundo o direito privado, porém são inoponíveis ao fisco, ainda que sejam atos que também não violem qualquer

efeitos do planejamento tributário em análise, passou a ser mais relevante para o contribuinte buscar elementos em comum nesses julgados, de modo a tentar extrair um padrão. Nesse sentido, destaca-se conclusão de Paulo César Ruzisca Vaz e Diego Aubin Miguita:

> "Como se observa das seções precedentes deste despretensioso estudo, a questão dos limites do planejamento tributário legítimo passa, necessariamente, por um complexo processo de intelecção das normas constitucionais e de institutos de Direito Privado, o que, per se, já seria suficiente para se concluir pela dificuldade – ou impossibilidade – de consenso mesmo por parte dos mais brilhantes doutrinadores.
>
> Outro fator que contribui para esta falta de uniformidade de posicionamento é a relatividade dos conceitos e premissas que são utilizados em cada tese elaborada. Em outras palavras, em termos coloquiais, a depender do ponto de que se parte e da direção que se trilhe, o caminho percorrido é diverso e, por consequência natural, o ponto de chegada não será o mesmo.
>
> De fato, nenhuma das figuras mencionadas (abuso de forma, abuso de direito, negócio jurídico indireto) goza de unanimidade quanto à sua definição e alcance entre os mais renomados doutrinadores. Decorre daí a adoção destes conceitos, nos julgamentos do CARF, sob diversas perspectivas, acarretando em decisões controversas quanto à sua fundamentação (casos seme-

---

norma do direito público em geral e do direito tributário em particular, ainda que eles se sustenham em garantias constitucionais, e, diga-se com todas as letras (porque somente assim a afirmação teria validade), ainda que eles não estejam sujeitos à incidência de qualquer norma geral antielusão (porque inexistente no País) ou alguma norma jurídica particular de proteção dos interesses da arrecadação (porque as existentes não são aplicáveis aos fatos envolvidos). Mariz de Oliveira, Ricardo. "Planejamento tributário nos tempos atuais". Revista Fórum de Direito Tributário n. 66, p. 123, 2013. Disponível em: < http://www.marizsiqueira.com.br/Artigos.html >. Acesso em 12.05.2016 lhantes com resultado diverso, utilizando-se o mesmo argumento, ou casos diferentes com o mesmo resultado, com base em argumentos distintos)."[64]

Partindo dessa concepção, os autores concluem destacando elementos importantes que são considerados nos julgamentos administrativos para a validade do planejamento tributário: tempo decorrido entre os atos e negócios jurídicos; existência de fato das pessoas envolvidas; operações com partes relacionadas; motivação exclusivamente fiscal; formas complexas ou pouco usuais.

4. A Segurança Jurídica

Com essas considerações, é possível perceber que não existem padrões de julgamento no âmbito do contencioso administrativo federal, de modo que a jurisprudência não pode servir como fonte do Direito para definição dos limites de atuação no planejamento tributário. Como não há regulamentação legal sobre a matéria, apenas resta aos contribuintes buscar apoio em textos doutrinários, que, conforme amplamente exposto ao longo deste artigo, divergem em vários pontos com relação ao assunto.

Ou seja, ainda que o contribuinte tenha a intenção de agir em conformidade com a legalidade, valendo-se da criatividade e inovação negocial, não existe sustentação para tanto, ficando sujeito à exigência fiscal, a qual muitas vezes é acompanhada de multa qualificada, que, além de extremamente onerosa, caso mantida, implicará representação fiscal para fins penais[65]. Com

---

[64] VAZ, Paulo César Ruzisca; MIGUITA, Diego Aubin. Os limites e o futuro do planejamento tributário no Brasil em face da atuação das autoridades fiscais e da jurisprudência dos tribunais administrativos. Direito tributário contemporâneo: estudos em homenagem a Luciano Amaro. Ives Gandra da Silva Martins e João Bosco Coelho Pasin (coordenadores). São Paulo: Saraiva, 2013, p. 111

[65] A respeito dessa questão, Schoueri desenvolve uma interessante teoria no sentido de que a insegurança existente no âmbito do planejamento tributário, juntamente

isso, resta distorcida a necessidade de previsibilidade da norma tributária, resultado em violação do preceito de que inexiste dever constitucional de incidência na hipótese tributária. Sobre a cognoscibilidade da norma tributária, HUMBERTO ÁVILA observa que a sua necessidade não objetiva apenas permitir o conhecimento das normas, mas também garantir a regulação da atividade do Estado, conforme trecho a seguir reproduzido:

> "Os contribuintes precisam saber de antemão qual é o significado das hipóteses de incidência. Não é um sistema de concreção como é o do Código Civil para as atividades particulares que giram em torno da justiça cumulativa. O sistema tributário gira em torno de conceitos mínimos para proporcionar coordenação. Mais que proporcionar coordenação, ele visa a proporcionar ou evitar que surjam problemas de conhecimento, porque, se não fosse assim, além de problemas de conhecimento, nós teríamos problemas relativos à falta de controle do poder. O fiscal sempre poderia dizer que aquela situação, por ele fiscalizada, é um pouquinho diferente da outra, e por isso concretizaria o conceito aberto na situação de fato. E nós sabemos o que isso significaria em termos de insegurança."[66]

---

com os descontos relativos a multas no Refis, fazem com que o contribuinte deixe de levar a sua discussão ao Poder Judiciário, o que está conduzindo para a desjudicialização do planejamento tributário, ou seja, fazendo com que questões relevantes acerca dessa matéria não cheguem para a apreciação do Poder Judiciário, onde poderia haver a consideração de diversos aspectos constitucionais, deixados de lado no contencioso administrativo federal. SCHOUERI, Luís Eduardo. O Refis e a desjudicialização do planejamento tributário. **Revista Dialética de Direito Tributário**. RDDT232:103, São Paulo: Editora Dialética

[66] "Planejamento Tributário", conferência do Professor Humberto Ávila, proferida em outubro de 2006 perante o XX Congresso Brasileiro de Direito Tributário promovido pelo Instituto Geraldo Ataliba – Instituto Internacional de Direito Público e Empresarial – IDEPE, que está reproduzida na Revista de Direito Tributário n. 98, p. 82

De fato, como amplamente destacado na parte introdutória deste artigo, a regulação da tributação existe para evitar o esgotamento daquilo que ela própria visa proteger: propriedade e liberdade. Em um sistema no qual os jurisdicionados não conseguem saber as regras que regem a tributação, e que o Fisco age com liberdade na determinação da incidência tributária dentre as mais variadas situações, inexiste segurança para a afirmação de que a tributação está cumprindo sua finalidade[67]. Nas palavras de RICARDO MARIZ DE OLIVEIRA:

> "Ora, este mínimo de segurança desejada, e necessária, depende de haver regras claras, que todos conheçam embora possam se equivocar. No caso, são as regras que estão na lei, para que sejam empregadas pelos agentes econômicos e pelos representantes do Poder Público, sejam auditores-fiscais, sejam juízes de qualquer esfera.
> Se não houver certeza sobre as regras de conduta, o resultado será o caos.
> Se a pessoa agir sob determinadas regras que encontra no ordenamento jurídico, ela tem a justa expectativa, a justa preten-

---

[67] Humberto Ávila ainda destaca a importância de haver segurança jurídica no âmbito tributário: "Essa importância revela-se ainda maior no âmbito do Direito Tributário: os ideias protegidos pelo princípio da segurança jurídica apresentam um relevo especial no subsistema tributário e possuem um sentido mais protetivo, em razão da existência de normas específicas e enfáticas no Sistema Tributário Nacional, que servem de instrumento para se garantir a inteligibilidade do Direito pela determinabilidade das hipóteses de incidência (regra da legalidade e sistema de regras de competência), a confiabilidade do Direito pela estabilidade no tempo (regra de reserva de competência para lei complementar regular prescrição e decadência), pela vigência (regra de proibição de retroatividade) e pelo procedimento (regras expressas de abertura do subsistema tributário a direitos e a garantias nele não previstos, como é o caso das proteções ao direito adquirido, à coisa julgada e ao ato jurídico perfeito), e a calculabilidade do Direito pela não-surpresa (regra da anterioridade)." ÁVILA, Humberto. Teoria da segurança jurídica. Humberto Ávila. 3. Ed. São Paulo: Malheiros Editores, 2014. P. 682

são e o justo direito de que, se tiver que justificar seus atos e prestar contas por eles, será sob tais regras que deverá fazê-lo e sob tais regras que sua justificação será apreciada. Isto porque as regras são para todos, ou seja, para a pessoa que age e para os representantes do Poder Público que têm a incumbência de averiguar as ações dessa pessoa e pedir dela a prestação das devidas contas.

Entretanto, se a pessoa age sob determinadas regras, mas for avaliada sob outras regras diferentes, aquele caos já mencionado será inevitável, porém, juntamente com ele, teremos a constatação da absoluta inutilidade de toda e qualquer regra. Em poucas palavras, no âmbito que estamos tratando, será constatada a inexistência real e concreta dos princípios mais elementares do Estado de Direito, inclusive arrastando solidariedade, isonomia, garantia da propriedade e das liberdades, etc. A própria existência do necessário devido processo legal será meramente teórica e formal, tanto quanto a existência do órgão de julgamento será artificiosa e representativa de um simulacro de Estado de Direito."[68]

A segurança jurídica, almejada por todos, necessária para o adequado desenvolvimento das atividades empresariais, somente poderá existir quando houver regras claras, passíveis de entendimento pelos contribuintes em geral, bem como pelas autoridades fiscais e julgadores, ainda que presente a possibilidade de equívoco, que deverá ser corrigida pelos julgamentos administrativos. As normas antielisivas precisam, portanto, existir, sendo essa, mais do que uma restrição para a plena utilização da livre iniciativa, uma garantia do contribuinte[69], pois,

---

[68] MARIZ DE OLIVEIRA, Ricardo. "Planejamento tributário nos tempos atuais". Revista Fórum de Direito Tributário n. 66, p. 123, 2013. Disponível em: < http://www.marizsiqueira.com.br/Artigos.html >. Acesso em 12.05.2016

[69] Ricardo Mariz de Oliveira observa que: "Enfim, é para isto que existem as normas gerais ou especiais antielusão, que precisam existir para que possa ser controlada a prática da elisão fiscal, fixando os limites para o exercício desse

caso contrário, há espaço para a condenação de todos os planejamentos simplesmente tidos como indesejáveis[70]. Nas palavras de HAMILTON DIAS DE SOUZA e HUGO FUNARO:

"A partir desse conjunto normativo, teriam as autoridades administrativas parâmetros adequados para desconsiderar atos ou negócios jurídicos e submetê-los a regimes tributários equivalentes. A ponderação das circunstâncias e dos princípios envolvidos não ficaria submetida unicamente ao poder discricionário da administração, que estaria vinculada aos critérios previstos em lei, conferindo segurança às relações jurídicas."[71]

Esse ideal atenderia aos anseios sociais, não para permitir a prática desmedida de falsos planejamentos, mas para garantir a possibilidade de atuação para aqueles que têm o legítimo

direito, e com aplicação exclusivamente na regulação das obrigações tributárias da pessoa." MARIZ DE OLIVEIRA, Ricardo. "Norma Geral Antielusão", publicado na revista "Direito Tributário Atual" n. 25, do Instituto Brasileiro de Direito Tributário – IBDT, Editora Dialética, 2011, p. 136

[70] Ao comentar a questão do propósito negocial, Fábio Piovesan Bozza observa que: "Assim, não basta que o planejamento tributário seja indesejável. É preciso que ele seja ilícito, e tal ilicitude encontra-se indicada em cada ordenamento jurídico, através das respectivas normas gerais antiabuso, inclusive normas antissimulação. São elas que proporcionarão ao julgador o parâmetro juridicamente adequado para alcançar a solução mais justa no caso concreto, sem vulnerar os princípios da legalidade, da segurança jurídica, da isonomia ou da capacidade contributiva." BOZZA, Fábio Piovesan. Planejamento Tributário e Autonomia Privada. Série Doutrina Tributária v. XV. São Paulo: Quartier Latins, 2015, p. 291

[71] Hamilton Dias de Souza e Hugo Funaro, "A insuficiência de densidade normativa da "norma antielisão" (art. 116, parágrafo único, do Código Tributário Nacional)". Revista Dialética de Direito Tributário nº 146 nov/2007, pág. 61. Disponível em : http://www.dsa.com.br/index.fcgi/artigos/hamilton-dias-de-souza-e-hugo-funaro-a-insuficiencia-de-densidade-normativa-da-norma-antielisao-art-116-paragrafo-unico-do-codigo-tributario-nacional/. Consultado em 14/05/2016

anseio de economia tributária, atuando dentro da legalidade, analisando a legislação vigente e identificando as hipóteses de incidência tributária previstas no ordenamento, mas que, atualmente, acabaram figurando no polo passivo de autuações fiscais, sujeitos a penalidades extremamente gravosas e às consequentes acusações criminais. Como bem observa RICARDO MARIZ DE OLIVEIRA:

> "Em suma, seja para absolver seja para condenar, precisamos a existência e da aplicação de regras claras e precisas, certamente não perfeitas e capazes de prever e descrever todos os acontecimentos possíveis da vida real, mas dotadas de um conteúdo que seja suficiente a cumprir sua própria função num estado democrático."[72]

Diante dessas constatações, percebe-se a necessidade de reflexão acerca dos mecanismos de controle da elisão fiscal no Brasil, devendo haver a adequada regulamentação do parágrafo único do artigo 116 do CTN. Até mesmo aqueles que entendem pela inconstitucionalidade de previsão nesse sentido, certamente hão de concordar que, analisando a realidade atual, seria melhor ter disposições legais tratando com exatidão os procedimentos a serem observados pela autoridade lançadora e pelos julgadores administrativos, o que serviria para reduzir de maneira considerável o contencioso acerca da matéria, bem como o número de multas qualificadas. Como destacam HAMILTON DIAS DE SOUZA e HUGO FUNARO, em artigo conjunto: *"A ponderação das circunstâncias e dos princípios envolvidos não ficaria submetida unicamente ao poder discricionário da adminis-*

---

[72] MARIZ DE OLIVEIRA, Ricardo. "Planejamento tributário nos tempos atuais". Revista Fórum de Direito Tributário n. 66, p. 123, 2013. Disponível em: < http://www.marizsiqueira.com.br/Artigos.html >. Acesso em 12.05.2016

tração, que estaria vinculada aos critérios previstos em lei, conferindo segurança às relações jurídicas. "[73]

A falta de parâmetros legais é o que abre margem para a existência de abusos por parte do Fisco, no sentido de proferir decisões sustentadas em teorias inaplicáveis ao Direito brasileiro, com subversão da ordem constitucional por meio da alusão a princípios genéricos[74]. Devem, portanto, ser trazidos ao ordenamento mecanismos interpretativos e de qualificação dos fatos[75].

[73] Hamilton Dias de Souza e Hugo Funaro, "A insuficiência de densidade normativa da "norma antielisão" (art. 116, parágrafo único, do Código Tributário Nacional)". Revista Dialética de Direito Tributário nº 146 nov/2007, pág. 61. Disponível em : http://www.dsa.com.br/index.fcgi/artigos/hamilton-dias-de-souza-e-hugo-funaro-a-insuficiencia-de-densidade-normativa-da-norma-antielisao-art-116-paragrafo-unico-do-codigo-tributario-nacional/. Consultado em 14/05/2016

[74] Nesse sentido, destaca-se Ricardo Mariz de Oliveira: "Não obstante, mesmo neste ambiente é injustificável o combate a abusos com outros abusos. Como é inaceitável a prolação de decisões baseadas em falsas teorias, na subversão da ordem constitucional mediante a alusão a princípios genéricos e de nenhuma concretude, colocando-os em condição de primazia e superioridade sobre outros princípios igualmente constitucionais, porém dotados de forte concretude porque representam limites ao próprio poder de tributar.
Ou, a pretexto de interpretar, aplicar disposições do art. 14 da Medida Provisória n. 66/2002 que não se converteram em lei e que, por não se terem convertido, perderam inteiramente a sua eficácia, como comanda o parágrafo 3º do art. 62 da Constituição Federal." MARIZ DE OLIVEIRA, Ricardo. "Planejamento tributário nos tempos atuais". Revista Fórum de Direito Tributário n. 66, p. 123, 2013. Disponível em: < http://www.marizsiqueira.com.br/Artigos.html >. Acesso em 12.05.2016

[75] Lívia De Carli Germano destaca que: "O desafio é encontrar uma maneira de, sem chegar ao ponto de atribuir eficácia positiva aos princípios da igualdade e da capacidade contributiva em detrimento da legalidade, nem transpor para o direito tributário conceitos inaplicáveis (como o abuso do direito), estabelecer os critérios para a interpretação das normas (princípios e regras) e qualificação dos fatos, abandonando a atitude formalista em prol de uma concepção hermenêutica da interpretação." GERMANO, Livia De Carli. Planejamento Tributário e Limites

Há necessidade de observância e atenção para a causa dos negócios jurídicos[76], o que não deve ser confundido com os seus motivos[77], esses de foro íntimo, pois os motivos empregados pelo contribuinte não são essenciais para a oponibilidade do planejamento tributário ao Fisco, podendo, no máximo, ser utilizados como indícios[78].

Para A Desconsideração Dos Negócios Jurídicos. 1ª Edição, São Paulo: Editora Saraiva, 2013 p. 51

[76] "Não por outra razão, Heleno Tôrres destaca que as figuras utilizadas por diversos países para combater o abuso no planejamento tributário centram-se em critérios que consideram, de algum modo, a distorção da causa do negócio jurídico. Assim, segundo o autor, o abuso de formas na Alemanha significaria o uso de uma forma desprovida de causa que permita alguma funcionalidade negocial. O abuso de direito na França seria todo fundado na simulação e o no ato anormal de gestão, os quais retratariam um problema de ausência de causa. A antiga fraude à lei (atual conflito na aplicação da lei tributária) na Espanha trataria da questão envolvendo a escolha do tipo negocial pelo particular, também relacionada com a causa." BOZZA, Fábio Piovesan. Planejamento Tributário e Autonomia Privada. Série Doutrina Tributária v. XV. São Paulo: Quartier Latins, 2015, p. 291/292, citando: TÔRRES, Heleno. Direito tributário e direito privado: autonomia privada, simulação, elusão tributária. São Paulo: Revista dos Tribunais, 2003, p. 166

[77] Em termos jurídicos, a causa de uma obrigação é tida como o fundamento jurídico de sua criação, sendo considerado o fim imediato da obrigação. O motivo é o fim mediato da obrigação, sendo este o motivo particular e pessoal da obrigação.

[78] "A existência de propósito negocial está situada no campo do motivo do negócio jurídico, o qual não exerce influência sobre a natureza jurídica, a validade ou os efeitos típicos atribuídos pela lei civil. Ademais, como a busca por economia tributária é assegurada pela própria Constituição Federal, que garante a proteção ao patrimônio, liberdade contratual, a autonomia da vontade e o livre exercício de atividade econômica, é certo que propósito de obter economia tributária não constitui motivo ilícito, apto a ensejar a nulidade do negócio jurídico, na forma do artigo 166, inciso III, do Código Civil." TOMAZELA SANTOS, Ramon. O Desvirtuamento da Teoria do Propósito Negocial: da Origem no Caso Gregory vs. Helvering até a sua Aplicação no Ordenamento Jurídico Brasileiro. **Revista Dialética de Direito Tributário**. RDDT243:126, São Paulo: Editora Dialética, p. 137

Trabalhando com o ideal, a norma antielisiva brasileira deveria ser editada por meio de lei complementar, revogando o parágrafo único do artigo 116 do CTN, problemático desde o seu surgimento, para acabar com questionamentos acerca do verbo "dissimular", destinada a resguardar o direito dos contribuintes de administrar seu patrimônio e seus negócios, desde que de maneira lícita, para obtenção da menor carga tributária possível.

RICARDO MARIZ DE OLIVEIRA[79] destaca que, após extenso debate sobre a matéria no Instituto Brasileiro de Direito Tributário – IBDT, chegou-se à redação de um anteprojeto de "norma geral antielusão", no qual destacou-se a necessidade de existência de motivação extra tributária para a validação de negócios jurídicos em que houvesse economia fiscal. Contudo, diferentemente da concepção atual, a própria norma traria a definição do que seria essa motivação, considerando motivação patrimonial, familiar, negocial ou empresarial, desde que a finalidade exclusiva não fosse a obtenção de economia fiscal.

Além disso, essa proposta trazia como atendida a motivação extra tributária quando houvesse mudança efetiva na situação patrimonial da pessoa, na organização da pessoa jurídica ou no modo de realizar ou operacionalizar os negócios ou quando o negócio jurídico visasse à sucessão por morte de pessoa física, implicasse nova associação de pessoas ou efetiva mudança em associação anteriormente existente, ou então quando o ganho não tributário fosse maior do que o esperado anteriormente a ele.

Essa proposta previa, ainda, a formação de uma Comissão Especial, formada por três juristas, comprovadamente especializados em Direito Tributário, para analisar a aplicação do procedimento de desconsideração, o que poderia ser feito pela autoridade lançadora ou pelo próprio contribuinte, em uma modalidade semelhante ao processo de consulta, no qual seria

---

[79] MARIZ DE OLIVEIRA, Ricardo. Norma Geral Antielusão, Revista Direito Tributário Atual nº 25, São Paulo: Dialética e IBDT, 2011, p. 139/146

possível a exposição das razões de fato e de direito para a prática do planejamento fiscal.

Apenas após modificações dessa natureza é que o ordenamento poderia então contar com a almejada segurança jurídica, garantidora da liberdade, da igualdade e da dignidade da relação entre Fisco e contribuinte, conforme expressa HUMBERTO ÁVILA no trecho a seguir:

> "É precisamente nessa novel significação que a segurança jurídica revela-se, com mais clareza, como instrumento de realização dos valores de liberdade, de igualdade e de dignidade: de liberdade, porque quanto maior for o acesso material e intelectual do cidadão-contribuinte relativamente às normas a que deve obedecer, e quanto maior for a sua estabilidade, tanto maiores serão as suas condições de conceber o seu presente e de planejar o seu futuro; de *igualdade*, porque quanto mais gerais e abstratas forem as normas, e mais uniformemente elas forem aplicadas, tanto maior será o tratamento isonômico do cidadão-contribuinte; *de dignidade*, porque quanto mais acessíveis e estáveis forem as normas, e mais justificadamente elas forem aplicadas, com tanto mais intensidade se estará tratando o cidadão-contribuinte como um ser capaz de se autodefinir autonomamente, quer pelo respeito presente da sua autonomia exercida no passado, quer pela consideração futura da sua autonomia praticada no presente. No âmbito do Direito Tributário, tal compreensão evidencia a segurança jurídica como instrumento imprescindível de realização dos princípios de liberdade, especialmente de liberdade de exercício de atividade econômica, assim como de igualdade e de dignidade humana. O princípio da segurança jurídica é, desse modo, o princípio da respeitabilidade do contribuinte como cidadão."[80]

---

[80] ÁVILA, Humberto. Teoria da segurança jurídica. Humberto Ávila. 3. Ed. São Paulo: Malheiros Editores, 2014, p. 683

Caso contrário, o ordenamento continuará a conviver com a inexistência de segurança jurídica, prejudicial ao desenvolvimento das atividades empresariais, havendo mais espaço para uma atuação abusiva por parte do Estado, eis que as situações jurídicas podem ser qualificadas da maneira que melhor aprouver para a finalidade da desconsideração dos efeitos tributários empregados.

Conclusão

Considerando a relação direta da tributação com propriedade e liberdade, bem como a inexistência de previsão constitucional acerca da obrigatoriedade de prática do fato gerador, é certo o direito do contribuinte de organizar suas atividades de modo a incidir na menor carga tributária possível, desde que pratique atos com respeito à legalidade, em momento anterior ao fato gerador, e respeitando a causa dos institutos jurídicos empregados.

No Brasil, em razão da ausência de regulamentação do parágrafo único do artigo 116 do CTN, inexiste norma dotada de eficácia para a desconsideração dos planejamentos tributários considerados como abusivos, o que, como demonstrado, não tem impedido a atuação do Fisco, chancelada no âmbito do contencioso administrativo, de valer-se de teorias desprovidas de fundamentação no ordenamento jurídico, bem de institutos do Direito Civil, aplicados sem a adequada verificação de suas características mais importantes ou mesmo aplicabilidade perante o Direito Tributário, o que resulta em julgamentos desprovidos de coerência, entre si e para com o ordenamento como um todo.

Diante dessa realidade, mesmo aqueles que desejam planejar os seus negócios de maneira adequada, com respeito a todos os preceitos anteriormente descritos, por não contar com padrões adequados e estabelecidos na lei ou na jurisprudência, ficam sujeitos a autuações e suas respectivas multas, que, além de aumentar o valor do tributo, podem ter repercussão no âmbito criminal. Essas constatações levam à inevitável conclusão de inexistência de segurança jurídica no âmbito do planejamento tributário.

Com isso, é preciso que se busque regulamentar o parágrafo único do artigo 116 do CTN ou então editar nova norma nesse sentido, a qual deverá ser pautada por parâmetros claros, de modo a permitir a realização de planejamento tributário com absoluta segurança para aquele que deseja reduzir a carga tributária dos seus negócios, mas não quer ficar sujeito aos dissabores inerentes a uma autuação.

Referências

AMARO, Luciano da Silva. **Direito tributário brasileiro**, 15 ed., São Paulo: Saraiva, 2009

ÁVILA, Humberto. **Teoria da segurança jurídica**. Humberto Ávila. 3. Ed. São Paulo: Malheiros Editores, 2014.

_____. "Planejamento Tributário", conferência do Professor Humberto Ávila, proferida em outubro de 2006 perante o XX Congresso Brasileiro de Direito Tributário promovido pelo Instituto Geraldo Ataliba. **Revista de Direito Tributário nº 98**. São Paulo: Malheiros Editores, 2007.

BARRETO JÚNIOR, Valter Pedrosa. Planejamento tributário na jurisprudência do Conselho Administrativo de Recursos Fiscais: desafios de uma pesquisa empírica. Resenha da dissertação de mestrado, constante da Biblioteca da Fundação Getúlio Vargas. Disponível em: < http://bibliotecadigital.fgv.br/dspace/handle/10438/8377 > Acesso em 10.06.2016.

BOZZA, Fábio Piovesan. **Planejamento Tributário e Autonomia Privada**. Série Doutrina Tributária v. XV. São Paulo: Quartier Latins, 2015.

COÊLHO, Sacha Calmon Navarro. **Teoria geral do tributo, da interpretação e da exoneração tributária**. Sacha Calmon Navarro Coêlho. – São Paulo: Dialética, 2003.

FAJERSZTAJN, Bruno; TOMAZELA SANTOS, Ramon. Planejamento tributário – entre o positivismo formalista e o pós-positivismo valorativo: a nova fase da jurisprudência administrativa e os limites para a desconsideração dos negócios jurídicos. **Revista Dialética de Direito Tributário**. RDDT223:38, São Paulo: Editora Dialética;

FARIAS MACHADO, Schubert de. Fundamentos Jurídicos do Planejamento Tributário. **Planejamento tributário.** Hugo de Brito Machado (coordenador); André Elali ... [et al.]. São Paulo: Malheiros: ICET, 2016

GERMANO, Livia De Carli. **Planejamento Tributário e Limites Para A Desconsideração Dos Negócios Jurídicos.** 1ª Edição, São Paulo: Editora Saraiva, 2013;

GRECO, Marco Aurélio. **Planejamento Tributário.** 3ª Edição, São Paulo: Editora Dialética, 2011;

GRECO, Marco Aurélio. Planejamento Tributário: nem tanto ao Mar, nem tanto à Terra. **Grandes Questões Atuais de Direito Tributário.** 10º volume, São Paulo: Editora Dialética;

GUTIERREZ, Miguel Delgado. O planejamento tributário e o business purpose. **Revista Dialética de Direito Tributário.** RDDT231:75, São Paulo: Editora Dialética;

DIAS DE SOUZA, Hamilton; FUNARO, Hugo. A insuficiência de densidade normativa da "norma antielisão" (art. 116, parágrafo único, do Código Tributário Nacional). **Revista Dialética de Direito Tributário.** RDDT146:61, São Paulo: Editora Dialética Disponível em http://www.dsa.com.br/index.fcgi/artigos/hamilton-dias-de-souza-e-hugo-funaro-a-insuficiencia-de-densidade-normativa-da-norma-antielisao-art-116--paragrafo-unico-do-codigo-tributario-nacional/ .Acesso em 14.05.2016

MACHADO, Hugo de Brito. **Teoria Geral do Direito Tributário.** Malheiros, São Paulo, 2015

MARINS, James. **Elisão Tributária e sua Regulação.** 1ª Edição, São Paulo: Dialética, 2002;

MARIZ DE OLIVEIRA, Ricardo. Norma Geral Antielusão, **Revista Direito Tributário Atual nº 25**, São Paulo: Dialética e IBDT, 2011.

_____. Planejamento tributário nos tempos atuais. **Revista Fórum de Direito Tributário nº 66**, p. 123, 2013. Disponível em: < http://www.marizsiqueira.com.br/Artigos.html >. Acesso em 12.05.2016

SANTOS, Ramon Tomazela. O Desvirtuamento da Teoria do Propósito Negocial: da Origem no Caso Gregory vs. Helvering até a sua Aplicação no Ordenamento Jurídico Brasileiro. **Revista Dialética de Direito Tributário.** RDDT243:126, São Paulo: Editora Dialética

SCHOUERI, Luís Eduardo. Planejamento Tributário: limites à norma antiabuso. **Revista Direito Tributário Atual nº 24**. São Paulo: Dialética e IBDT, 2010.

_____. O Refis e a desjudicialização do planejamento tributário. **Revista Dialética de Direito Tributário.** RDDT232:103, São Paulo: Editora Dialética

TÔRRES, Heleno. **Direito tributário e direito privado: autonomia privada, simulação, elusão tributária**. São Paulo: Revista dos Tribunais, 2003.

TORRES, Ricardo Lobo. **Planejamento Tributário: elisão abusiva e evasão fiscal**. Ricardo Lobo Torres. 2 ed. Rio de Janeiro: Elsevier, 2013.

VAZ, Paulo César Ruzisca; MIGUITA, Diego Aubin. Os limites e o futuro do planejamento tributário no Brasil em face da atuação das autoridades fiscais e da jurisprudência dos tribunais administrativos. **Direito tributário contemporâneo: estudos em homenagem a Luciano Amaro**. Ives Gandra da Silva Martins e João Bosco Coelho Pasin (coordenadores). São Paulo: Saraiva, 2013.

XAVIER, Alberto. **Tipicidade da tributação, simulação e norma antielisiva**. Alberto Xavier. São Paulo: Dialética, 2001.

Efeitos Tributários de Critérios de Pagamento de Participação nos Lucros

Rogerio Garcia Peres

1. Introdução

Enuncia, a Constituição Federal de 1988, em seu artigo 7º, "caput" e inciso XI, que os trabalhadores urbanos e rurais têm direito à "participação nos lucros, ou resultados, desvinculada da remuneração, e, excepcionalmente, participação na gestão da empresa, conforme definido em lei".

É notável o tratamento que a Constituição de 1988 deu a esse direito, elevando-o à categoria de instrumento que tem por finalidade a "melhoria de sua condição social" do trabalhador. Não se trata de um direito, portanto, que vise apenas o alcance de um salário justo – o constituinte deixou claro seu propósito de melhorar a condição do trabalhador também com a participação nos lucros, redefinindo seu papel social, para lhe dar protagonismo econômico, emancipando-o de sua mera condição de "fator de produção", de coadjuvante.

Concretizando esse mandamento constitucional, a Lei nº 10.101/2000, na sua atual redação, estabelece requisitos legais que, quando observados, atribuem à empresa o direito de fruir da isenção de contribuições previdenciárias por força do artigo 28, parágrafo 9º, letra "j" da Lei nº 8.212/91, a dispor que não integra o salário-de-contribuição "a participação nos lucros ou resultados da empresa, quando paga ou creditada de acordo com lei específica".

Não raramente, no entanto, as autoridades fiscais tributam os pagamentos efetuados a título de participação nos lucros, contrariando não somente as regras constitucionais e legais afetadas a tal remuneração, mas, também, os princípios constitucionais que orientam o tratamento tributário a ser dispensado a tal verba paga, desqualificando até mesmo cláusulas pactuadas em negociações que contam até mesmo com a representação sindical exigida pela Lei nº 11.101/2000.

Analisaremos, no presente trabalho, os principais tópicos que dizem respeito a essa problemática, passando em revista a doutrina e os julgados dos tribunais judiciais e administrativos que vêm sendo proferidos sobre o tema, com especial atenção sobre os critérios e condições de pagamento negociados, para uniformizar, a partir de princípios, a interpretação de regras que sejam cabíveis para a concretização desse direito social.

2. A base de incidência das contribuições previdenciárias

Em conformidade com o artigo 195, inciso I, letra "a", da Constituição Federal de 1998, incluído pela Emenda Constitucional nº 20/98, a contribuição previdenciária a cargo do empregador pode vir a incidir sobre: a) a folha de salários e demais rendimentos do trabalho pagos ou creditados, a qualquer título, à pessoa física que lhe preste serviço, mesmo sem vínculo empregatício; b) a receita ou o faturamento; e c) o lucro.

Tomando em consideração a folha de salários e demais rendimentos do trabalho, a Lei nº 8.212/91, em seu artigo 28, inciso I, com redação dada pela Lei nº 9.527/98, instituiu a contribuição previdenciária que tem como base de cálculo as remunerações pagas, devidas ou creditadas a qualquer título, durante o mês, aos empregados, destinadas a retribuir o trabalho. E assim o fez dispondo que se entende por salário-de-contribuição, para o empregado e o trabalhador avulso, "a remuneração auferida em uma ou mais empresas, assim entendida a totalidade dos rendimentos pagos, devidos ou creditados a qualquer título, durante o mês, destinados a retribuir o trabalho, qualquer que seja a sua forma".

Cabe destaque à expressão "destinados a retribuir o trabalho" dada aos rendimentos em questão, contida na Lei nº 8.212/91, a evidenciar que a tributação previdenciária deve incidir sobre os pagamentos realizados em "retribuição" pelo trabalho prestado ou colocado à disposição da empresa – ou, para usar os termos da Constituição, há de recair nos "rendimentos do trabalho" devidos a pessoa física que "preste serviço". E repete essa fórmula retributiva até mesmo o Decreto nº 3.048/99, que consiste no Regulamento da Previdência Social, em seu artigo 201, parágrafo 1º.

São esses os caracteres essenciais da tributação das verbas devidas pelo empregador ao empregado, como retribuição pelo trabalho prestado, e que servirão como pressupostos e fundamentos do tema que é objeto deste trabalho.

3. Extremando a participação dos lucros das remunerações por serviços prestados e dos salários

É na CLT (Consolidação das Leis do Trabalho) que encontraremos a menção a "remuneração", nos seus artigos 457 e 458, e a "salário", nos artigos 2º e 3º.

Amauri Mascaro NASCIMENTO[1] não vislumbra necessidade em distinguir remuneração de salário, "para que os efeitos salariais se projetem sobre alguns e não sobre outros pagamentos da mesma natureza". Explica, o autor, que a distinção entre

---

[1] Cf. NASCIMENTO, Amauri Mascaro. *Teoria jurídica do salário*. São Paulo: LTr, 1994, p. 64-67.

remuneração e salário decorreu do "propósito do legislador" de "evitar o vocábulo 'salário' ao tratar das gorjetas", por não se tratar de um pagamento "diretamente efetuado pelo empregador". Também ressalta, o autor, que "salário tem um sentido contraprestativo"; no entanto, atualmente, "é possível ver que não é apenas isso", por haver "pagamentos não contraprestativos que são unanimemente considerados salariais como: férias, repousos etc."

Nessa linha mais ampla de considerações, Amauri Mascaro Nascimento define que, no Brasil,

> "(...) considera-se salário, básico e complementar a totalidade dos pagamentos, em dinheiro ou utilidades, destinados a retribuir o trabalho, qualquer que seja a sua forma, quer pelos serviços efetivamente prestados, quer pelo tempo à disposição do empregador ou tomador dos serviços, quer pelas licenças, ausências ou outras interrupções do trabalho, previstos em lei, contrato, convenção ou acordo coletivo de trabalho, regulamento de empresa, usos e costumes ou contrato individual de trabalho".

A discussão é relevante porque o termo "salário" tem pertinência para a análise da locução "folha de salários". E, nesse ponto, percebe-se que é necessário investigar, na legislação tributária, a hipótese de incidência de cada tributo previdenciário que seja tomado em consideração, para verificar se a conduta em que se constitui a materialidade do fato gerador vale-se do termo "salário" nesse sentido amplo, ou se se refere a "salário-base", que é a remuneração em regra mensalmente auferida em contraprestação pelo trabalho, de modo a não se levar em consideração os complementos salariais, a exemplo de horas extras, adicionais (noturno, de periculosidade, de insalubridade, de transferência), comissões, gratificações e prêmios habituais e gorjetas.

A participação nos lucros, tal como versada na atual redação da Lei nº 10.101/2000 e no artigo 28, parágrafo 9º, letra "j" da Lei nº 8.212/91, não diz respeito a "retribuição" por serviços prestados, muito menos a contraprestação. O entender de outro modo acarreta vícios interpretativos, assim tidos por incapazes de vislumbrar os diferentes princípios jurídicos que envolvem o pagamento da participação.

Amauri Mascaro Nascimento[2] refere-se aos pagamentos de participação nos lucros como "uma percepção econômica do trabalhador como decorrência da relação de emprego, inconfundível com salário". E conclui peremptoriamente: "O nome diz tudo: é participação. Não é salário". E credita à participação nos lucros, no sentido de "negociação", o caráter de "contrato *sui generis*", de modo que constituiria "como a ponte através da qual serão percorridos os caminhos que permitirão, ao trabalhador, afastar-se da sua condição desfavorável, como seguimento social, para situar-se em posição melhor, ao lado do capital e usufruindo as vantagens dele". Em seu entender, partilhado por Agostinho Toffoli Tavolaro[3] e Marcel Cordeiro[4], a participação não dá causa, portanto, nem ao pagamento de "salário", nem faz do assalariado "um sócio do empregador".

Seguindo esses conceitos, desenvolveremos os princípios jurídicos que orientam a participação nos lucros e nos resultados, assim como, valendo-nos dessas premissas, passaremos em revista os precedentes tributários que tratam do tema para exercitarmos os conceitos teóricos reunidos e desenvolvidos.

---

[2] Ibidem, p. 83.
[3] Tavolaro, Agostinho Toffoli. *Participação dos empregados nos lucros das empresas*. São Paulo: LTr, 1991, p. 40.
[4] Cordeiro, Marcel. As diferenças conceituais, para fins de direito do trabalho, entre os termos salário, gratificação, bônus e participação nos lucros ou resultados. Implicações tributárias. In.: Paulo Sergio João (Coord.). *Temas em direito do trabalho: direito material individual*. São Paulo: LTr, v. I, 2008, p. 112.

4. Requisitos legais e constitucionais da participação nos lucros

No artigo 7º, inciso XI, da Constituição Federal de 1988, estipula-se como requisito da participação nos lucros ou resultados, assim como da participação na gestão da empresa, a sua definição em "lei".

A Lei nº 8.212/91 veio a dispor, em seu artigo 28, parágrafo 9º, inciso "j", que não integra o salário-de-contribuição, para fins de incidência das contribuições previdenciárias, "a participação nos lucros ou resultados da empresa, quando paga ou creditada de acordo com lei específica". Desse modo, a lei previdenciária remete-se à mesma lei mencionada na Constituição.

A "lei" em questão, que haveria de assumir natureza trabalhista, por regular relações entre empresas e trabalhadores, somente veio ao mundo jurídico no ano de 1994, com a Medida Provisória nº 794/1994, que, após sucessivas reedições, culminou na Medida Provisória nº 1.982-77/2000. Tal medida provisória veio a ser convertida na Lei nº 10.101/2000, que atualmente está em vigor.

Fato é que tanto a Constituição, quando a lei previdenciária faziam remissão a outra "lei", que, no ano de 1991, ainda não havia sido editada – ela só surgiu no mundo jurídico no ano de 1994, com a Medida Provisória nº 794/1994. Em torno do tema, o debate jurídico da época, que se intensificou a partir do ano de 1991, reunia-se em torno desses entendimentos possíveis do quadro legal da participação, naquele tempo: a) se todo o dispositivo constitucional tinha eficácia plena; b) se todo o dispositivo constitucional tinha eficácia limitada; c) se o dispositivo constitucional tinha eficácia plena em matéria trabalhista, mas limitada em matéria tributária; d) se a primeira parte do dispositivo constitucional, que tratava de "participação nos lucros, ou resultados, desvinculada da remuneração", tinha eficácia plena em matéria trabalhista e em matéria tributária, sendo que somente a última parte dele, que dizia respeito a "participação na gestão da empresa", teria eficácia limitada.

No julgamento do RE 398284/RJ[5] e do RE 393764 AgR/RS[6], o Supremo Tribunal Federal, por suas duas turmas, assentou o entendimento de que a exoneração dos tributos que incidiriam sobre os pagamentos de participação nos lucros e nos resultados dependeria de integração por lei ordinária. Ou seja, na sua essência, adotou o entendimento da letra "c" supracitada, no sentido de que o dispositivo constitucional tinha eficácia plena em matéria trabalhista, até porque já existia a possibilidade de pagamento de participação nos lucros e nos resultados antes da Constituição Federal de 1988, mas tinha eficácia limitada em matéria tributária, de modo que, para que se aplicasse eventual isenção de tributos, haveria de se aguardar a edição da "lei específica" de que tratava a Lei nº 8.212/91, e que seria, portanto, a mesma mencionada pela Constituição.

Foi levado em consideração que a Constituição desvincula os pagamentos de participação nos lucros da remuneração do trabalhador, mas nada dispõe acerca da sua tributação. O feito prático desse entendimento foi deixar ao critério do legislador infraconstitucional a decisão de afastar ou não a tributação dos pagamentos de participação, não reconhecendo, portanto, mesmo que isso não tenha sido dito textualmente, o caráter de verba imune de tributos. Em outros termos, a desvinculação da remuneração efetuada pela Constituição tem efeito trabalhista, o que tem efeitos na sua não integração às férias e 13º salários, por exemplo, mas não define seu afastamento da incidência de tributos.

---

[5] STF-1ª Turma, ministro Menezes Direito, j. 23/09/2008, DJe-241 18/12/2008, public. 19/12/2008.
[6] STF-2ª Turma, ministra Ellen Gracie, j. 25/11/2008, DJe-241 18/12/2008, public. 19/12/2008.

Assim tendo feito, o Supremo Tribunal Federal reservou ao legislador ordinário a decisão de tributar ou não os pagamentos e em que condições. Com isso, o vetor de interpretação também foi traçado de modo mais limitado, pois as normas de outorga de isenção, até mesmo por força do artigo 111, inciso II, do Código Tributário Nacional (CTN), interpretam-se literalmente, em sentido sempre mais restritivo, enquanto que as imunidades, fortemente orientadas pelos princípios constitucionais, gozam de intepretação em regra mais ampla.

Eis que a Lei nº 10.101/2000, que atualmente está em vigor, apresenta, essencialmente, como requisitos formais para o pagamento da participação nos lucros e nos resultados, que a negociação de seus termos, a ser empreendida entre a empresa e seus empregados, seja conduzida mediante um dos procedimentos a seguir descritos, escolhidos pelas partes de comum acordo: a) que seja a negociação intermediada por comissão paritária escolhida pelas partes, integrada, também, por um representante indicado pelo sindicato da respectiva categoria; ou b) que seja alcançada, a avença, por meio de convenção ou acordo coletivo. Também dispõe, a lei, como requisito formal, que o instrumento de acordo celebrado seja arquivado na entidade sindical dos trabalhadores.

Em relação ao conteúdo da negociação, dispõe, a lei, que nos instrumentos decorrentes da negociação "deverão constar regras claras e objetivas quanto à fixação dos direitos substantivos da participação e das regras adjetivas, inclusive mecanismos de aferição das informações pertinentes ao cumprimento do acordado, periodicidade da distribuição, período de vigência e prazos para revisão do acordo". A lei estipula, ainda, como sugestões, os seguintes critérios e condições: a) a estipulação de índices de produtividade, qualidade ou lucratividade da empresa; e b) estabelecimento de programas de metas, resultados e prazos, pactuados previamente. E exclui desse rol, apenas, "as metas referentes à saúde e segurança no trabalho", o que se fez constar na Lei nº 10.101/2000 por força de alteração de seu texto promovida pela Lei nº 12.832/2013, que incluiu o parágrafo 2º no artigo 2º da lei que regula a participação nos lucros e nos resultados.

Por fim, veda, a lei, "o pagamento de qualquer antecipação ou distribuição de valores a título de participação nos lucros ou resultados da empresa em mais de 2 (duas) vezes no mesmo ano civil e em periodicidade inferior a 1 (um) trimestre civil".

Esses são os requisitos formais e substanciais que devem orientar o pagamento da participação nos lucros e nos resultados. Para além dessas regras, ainda, há os princípios constitucionais e as finalidades ditadas pela Lei nº 10.101/2000, que passaremos adiante em análise.

5. Negociação de participação posteriormente à geração dos lucros

A Lei nº 10.101/2000 dispõe, em seu artigo 2º, que "A participação nos lucros ou resultados será objeto de negociação entre a empresa e seus empregados", mas não define que os lucros e os resultados devam ser necessariamente gerados antes da negociação. O que a lei exige é que os pagamentos sejam feitos de acordo com o negociado, de forma que, atendidos os critérios livremente pactuados entre as partes, os montantes serão desembolsados sob o abrigo da lei.

De fato, como enunciado no artigo 1º da Lei nº 10.101/2000, a participação dos trabalhadores nos lucros ou resultados da empresa presta-se "como instrumento de integração entre o capital e o trabalho e como incentivo à produtividade", não se tratando, portanto, de dividendos. A relação instaurada pela lei não é de natureza societária, como sustenta o jurista Paulo Sergio João[7], para quem a participação não transforma o empregado em sócio "porquanto inexistente a *affectio societatis*, o intuito de realizar empreendimento comum".

A participação também não se constitui em comissão ou incentivo de produção, em montante que é apurado individualmente, com base exclusivamente em resultados de cada empregado, relacionados apenas com sua produtividade e eficiência pessoais – e é por essa razão, para assegurar essa finalidade coletiva, que a legislação exige participação sindical dos trabalhos na negociação.

A integração buscada pela lei vai além de um prêmio, bônus ou gratificação pagos pelo trabalho de um ano – busca uma relação de longo horizonte, de prazo indeterminado, e que transcende à mera relação formal de emprego, de modo a permitir que os trabalhadores possam usufruir do resultado do esforço coletivo na empresa. Como ressaltado por João de Lima Teixeira Filho[8], a legislação, com a participação nos lucros e nos resultados, estipulou "novas diretrizes para que as partes negociadoras moldem um novo modelo de relação de trabalho, sempre valorizando o lado coletivo e modernizando o seu aspecto individual".

Nada impede, portanto, que esses objetivos sejam alcançados com o pagamento de participação em relação a lucros e resultados gerados anteriormente. É o que restou bem decidido no Acórdão nº 9202002.485[9] do CARF, no qual, em sua ementa,

---

[7] João, Paulo Sergio. *Participação nos lucros ou resultados das empresas*. São Paulo: Dialética, 1998, p. 57.

[8] Teixeira Filho, João de Lima. Formas de Participação do Trabalhador na Empresa. In: Lélia Guimarães Carvalho Ribeiro; Rodolfo Pamplona Filho. *Direito do Trabalho: Estudos em homenagem ao Prof. Luiz de Pinho Pedreira da Silva*. São Paulo: LTr, 1998, p. 275.

[9] CARF-CSRF 2ª Turma, PA nº 14485.000326/2007-21, relator p/ acórdão Manoel Coelho Arruda Junior, j. 29/01/2013.

fez-se constar que "A legislação regulamentadora da PLR não veda que a negociação quanto a distribuição do lucro, seja concretizada após sua realização, é dizer, a negociação deve preceder ao pagamento, mas não necessariamente [ao] advento do lucro obtido".

Se o que restou negociado vier a abranger resultados passados, anteriores ao acordo, melhor será para os propósitos da Constituição, de melhoria da "condição social" dos trabalhadores, e da lei, para "integração entre o capital e o trabalho e como incentivo à produtividade". O alcance da justiça social dá-se, inequivocamente, com a ampliação dos direitos e garantias do trabalhador, sendo que a entrega de maior parcela do "capital" para o trabalhador" representa concretização desses ideais.

6. Pagamento antes da formalização do instrumento de negociação

O artigo 2º, parágrafo 1º, da Lei nº 10.101/2000 começa sua redação dispondo que nos instrumentos decorrentes da negociação "deverão constar regras claras e objetivas".

Nesse trecho e nos demais que constam da lei resta claro que o pagamento deve ser feito com base em instrumento de negociação devidamente formalizado, não bastando que as negociações estejam em andamento, nem concluídas apenas verbalmente, portanto. Do contrário, não seria possível aferirem-se a clareza e a objetividade exigidas pela lei.

A formalização será dada com a assinatura de todos os representantes das partes envolvidas na negociação. De fato, como constou no texto do supracitado Acórdão nº 9202002.485 do CARF, até que isso se dê, os termos da negociação podem vir a ser alterados.

Essa circunstância atribui instabilidade às negociações em um nível que não é compatível com as finalidades da lei, de se lograr as enunciadas clareza e objetividade. Tal argumento, então, contribuiu para formar a "ratio decidendi" do julgado, que, por fim, concluiu que "o termo de acordo entre as partes ou o acordo coletivo deve estar assinado antes do pagamento da PLR".

7. Prazo de arquivamento dos instrumentos de negociação

A Lei nº 10.101/2000 não especifica prazo para cumprimento da regra disposta no seu artigo 2º, parágrafo 2º, que estipula o dever de se arquivar na entidade sindical dos trabalhadores o instrumento de acordo celebrado. Em princípio, portanto, o arquivamento pode ocorrer até mesmo posteriormente à celebração da convenção coletiva e do acordo individual ou coletivo.

É o que restou decidido no Acórdão nº 205-00.213[10] do antigo Conselho de Contribuintes do Ministério da Fazenda, quando, no voto da relatora, foi consignado que "A Lei nº 10.101/00 não determina o prazo para o protocolo do acordo junto ao Sindicado". Naquele caso concreto, também foi observado que nem mesmo na Convenção Coletiva de Trabalho havia a estipulação de prazo para protocolo de Acordo Coletivo.

O mero arquivamento posterior ao pagamento, portanto, não gerando prejuízos aos trabalhadores, não é fator suficiente para caracterizar qualquer fraude às finalidades da Constituição e aos propósitos da lei. O arquivamento assume relevância por dar publicidade aos termos negociados para os trabalhadores que não tiveram acesso às tratativas e ao que foi, ao final, acordado, para que possam, eventualmente, deduzir suas pretensões contra a negociação extrajudicialmente ou até mesmo judicialmente.

Desse modo, é razoável admitir que o instrumento possa ser arquivado até antes de escoado o prazo de 2 (dois) anos conta-

---

[10] 2º CC/MF-5ª Câmara, PA nº 37324.003545/2007-18, relatora Adriana Sato, j. 12/12/2007.

dos dos pagamentos feitos a título de participação nos lucros e nos resultados, em tempo, portanto, de todos os seus beneficiários questionarem judicialmente os montantes recebidos, por aplicação do artigo 11, incisos I e II, da CLT (Consolidação das Leis do Trabalho), com redação dada pela Lei nº 9.658/98,.

8. O lucro como exclusiva métrica da participação

No texto da Lei nº 10.101/2000, no seu artigo 2º, parágrafo 1º, está disposto que nos instrumentos de negociação devem constar "regras claras e objetivas" para a individualização do direito ao recebimento da participação, como anteriormente demonstrado, assim como os "mecanismos de aferição das informações pertinentes ao cumprimento do acordado, periodicidade da distribuição, período de vigência e prazos para revisão do acordo".

Também está disposta a "possibilidade" de virem a ser considerados, a título de critérios de pagamento, dentre outros, "índices de produtividade, qualidade ou lucratividade da empresa" e "programas de metas, resultados e prazos, pactuados previamente". A utilização dessas métricas representa uma faculdade dada pelo legislador às empresas, conclusão que se tira de 2 (dois) termos utilizados pelo legislador nesse tocante: "podendo ser considerados" e "entre outros".

É claro que a lei não poderia descartar os "lucros" como métrica exclusiva do pagamento da participação. Em princípio, a distribuição poderia até mesmo ser linear para todos os empregados, se os negociadores chegassem à conclusão de que, mesmo diferentemente, todos os trabalhadores contribuíram para a formação dos resultados da empresa. Seria um critério voltado para a busca de uma igualdade na diversidade.

A exigência das autoridades fiscais, não raramente observada, de que seja necessário vincular o pagamento de participação nos lucros a métricas de desempenho individual de cada um dos trabalhadores não tem respaldo legal, e, muito menos, Constitucional.

Quando se tem em vista negociações aperfeiçoadas por Convenções Coletivas, então, com a participação de diversos sindicatos patronais e laborais, a definição de métricas de "índices de produtividade, qualidade ou lucratividade da empresa" e de "programas de metas, resultados e prazos" é praticamente impossível. O que resta, em negociações dessa natureza, é estipular que os lucros sejam o único critério possível, por se tratar de um denominador comum, generalizante, absoluto.

Mas, mesmo em Acordos Coletivos e em negociações por meio de "comissões escolhidas pelas partes", os lucros podem ser base de pagamentos, até porque sua adoção desassociada de outros requisitos vem em prol da clareza e da objetividade almejadas pela Lei nº 10.101/2000.

E, como declinado anteriormente, a participação nos lucros e nos resultados presta-se como "instrumento de integração entre o capital e o trabalho e como incentivo à produtividade". É um mecanismo de socialização dos lucros, de fruição coletiva do capital e do produto do trabalho detidos pela empresa, e não um "incentivo de produtividade" que se dá exclusivamente pelo desempenho individual dos trabalhadores.

Não faz sentido, portanto, concluir que o sentido da lei seja condicionar o pagamento da participação à medida da contribuição do trabalho de cada um dos indivíduos, até porque isso excluiria parte dos empregados que realizam funções importantes na empresa, porém de valor e desempenho financeiro praticamente inestimáveis, como é o caso de grande parte dos trabalhos administrativos.

Esse tema foi amplamente debatido no Acórdão nº 2202-003.374[11] do CARF, no qual se concluiu que a negociação da

[11] CARF- Segunda Seção/2ª Câmara/2ª Turma Ordinária, PA nº 16327.000919/2010-31, relator Junia Roberto Gouveia Sampaio, j. 10/05/2016.

participação nos lucros e nos resultados tem por objeto "a distribuição de valores atrelados a metas empresariais e não a execução dos contratos de trabalho", destacando o caráter socializante do pagamento da verba, e não meramente individual.

9. Pagamento de valor mínimo

A estipulação de pagamento de valor mínimo de participação nos lucros para todos os empregados não é vedada pela Lei nº 10.101/2000, muito menos caracteriza o pagamento de prêmio, se preenchidos os requisitos legais para a condução e a formalização da negociação.

Também neste caso, não há que se obrigar às partes negociantes a estipulação de métricas individuais de resultado ou de desempenho como condição para o pagamento da participação, pois a verba paga não tem a natureza de incentivo de produção, como já demonstrado.

Esse tema foi debatido no Acórdão nº 2402-002.697[12] do CARF, onde se concluiu que "não há qualquer impedimento legal que inviabilize o pagamento de um valor mínimo", de modo que "havendo metas a serem cumpridas pelo colaborador ou pela equipe, é plenamente possível que haja a distribuição de um valor fixo", e "sem que isso ofenda a legislação de regência".

10. Desigualdade de critérios de pagamento

Uma das premissas mais importantes da Lei nº 10.101/2000 é a de que a participação seja produto de "negociação entre a empresa e seus empregados", o que evidencia a preferência do legislador pela livre avença entre as partes, superando a tradicional visão que permeia a legislação trabalhista brasileira de

---

[12] CARF-Segunda Seção/4ª Câmara /2ª Turma Ordinária, PA nº 19515. 005660/2008-71, relator Nereu Miguel Ribeiro Domingues, j. 17/05/2012.

tratar a relação entre patrão e trabalhador como de exploração e naturalmente conflituosa.

Para além desse fator, a Lei nº 10.101/2000 estipulou que a determinação dos critérios de pagamento da participação nos lucros e nos resultados deve ser objeto de validação coletiva, o que tem por evidente propósito evitar que, na negociação, preponde as decisões do empregador em detrimento dos interesses de cada um dos empregados que individualmente viesse a negociar os termos do acordo que lhe afetassem. E essa validação coletiva é alcançada por um desses 2 (dois) meios impostos pela própria lei atualmente em vigor, a ser escolhido livremente pelas partes, "de comum acordo": a) comissão paritária, integrada por um representante indicado pelo sindicato da respectiva categoria; ou b) convenção ou acordo coletivo.

Ainda dispõe, a lei, o dever de se dar publicidade aos termos firmados da negociação, mediante arquivamento do instrumento "na entidade sindical dos trabalhadores", de forma que, além da necessária fiscalização do sindicato, cuja participação nas avenças é garantida pela sua integração em qualquer um dos procedimentos legais de negociação, garanta-se a publicidade do acordo, para que seja acessado pelos trabalhadores e pela fiscalização do Ministério do Trabalho.

Além do mais, a lei é clara ao atribuir, como demonstrado, à participação um instrumento para que os trabalhadores possam usufruir do resultado do esforço coletivo na empresa. Repetindo as lições de João de Lima TEIXEIRA FILHO[13], a legislação, com a participação nos lucros e nos resultados, estipulou "novas diretrizes para que as partes negociadoras moldem um novo modelo de relação de trabalho, sempre valorizando o lado coletivo e modernizando o seu aspecto individual".

---

[13] Op. cit., p. 275.

Por todas essas considerações, não faz sentido o questionamento acerca da existência de critérios diferenciados de pagamento de participação. Peculiaridades do ramo de atuação da empresa, das suas áreas internas e das funções dos trabalhadores podem determinar essa diversidade de tratamentos, e devem ser ponderadas na negociação, sendo que, havendo acordo, prevalece o que for negociado.

A questão foi enfrentada no Acórdão nº 9202-003.105[14] do CARF, onde restou decidido que "A exigência de outros pressupostos, não inscritos objetivamente/literalmente na legislação de regência, como a necessidade de pagamentos igualitários a todos os empregados, é de cunho subjetivo do aplicador/intérprete da lei, extrapolando os limites das normas específicas em total afronta à própria essência do benefício".

O que se exige, enfim, é que as regras sejam "claras e objetivas" e que haja "mecanismos de aferição das informações pertinentes ao cumprimento do acordado", de forma que, aplicando-se os critérios definidos, seja possível a determinação inequívoca de cada um dos beneficiários e dos montantes que a eles sejam individualmente devidos.

Em outros termos, os pagamentos devem ser decorrência necessária das premissas negociadas, como resultado de mera subsunção dos dados do trabalhador à regra. Atendidos esses requisitos legais, não há por que invalidar o acordo, nem suprimir seus efeitos jurídicos.

11. Participação de Administradores empregados e estatutários

Ao tratar dos segurados obrigatórios da Previdência Social, o artigo 12, inciso I, letra "a" da Lei nº 8.212/91 dispôs que a con-

[14] CARF-CSRF-2ª Turma, PA nº 35884.003885/2006-89, relator Rycardo Henrique Magalhaes de Oliveira, j. 25/03/2014.

dição de "empregado" atribui-se para "aquele que presta serviço de natureza urbana ou rural à empresa, em caráter não eventual, sob sua subordinação e mediante remuneração". E adicionou a esse dispositivo com esta expressão final: "inclusive como diretor empregado".

De se destacar que esse dispositivo previdenciário tem particular peso, porque está insculpido na mesma lei que trata da isenção de tributos previdenciários sobre as verbas pagas a título de participação nos lucros e nos resultados.

Eis que a denominação "diretor" não afasta a qualidade de empregado do trabalhador que, por mútuo consentimento seu e da empresa, seja contrato com empregado, de modo que as relações entre as partes sejam orientadas pela legislação trabalhista, e não pela legislação societária. Não são aplicáveis essas considerações, por outro lado, aos diretores chamados "estatutários", cujo vínculo com a empresa é de natureza empresarial, e não trabalhista.

Essa distinção é relevante porque, em termos de participação nos lucros, aos diretores "estatutários" aplica-se o artigo 152 da Lei das Sociedades Anônimas, e não a Lei n 10.101/2000. Por essa razão, o relator do Acórdão nº 2402-002.883[15] do CARF sustentou que, em função de competir à assembleia-geral deliberar acerca da participação dos diretores estatutários, por força do artigo 152 da Lei das Sociedades Anônimas, há, no caso, "uma relação jurídica firmada entre "Acionistas x Diretores/Administradores" – e não, portanto, "negociação entre a empresa e seus empregados".

Nesse caso em particular, de diretores estatutários, mais um fundamento jurídico existe, e foi destacado pelo relator do acórdão em questão, que, nesse tema, é paradigmático. Não incidem

---

[15] CARF-Segunda Seção/4ª Câmara / 2ª Turma Ordinária, PA nº 15504.012725/2009-93, relator Nereu Miguel Ribeiro Domingues, j. 10/07/2012.

as contribuições previdenciárias sobre a participação nos lucros paga a tais administradores também porque sua participação nos lucros não integra o conceito de "salário-de-contribuição" disposto no artigo 28 da Lei nº 8.212/91, regulado, que é, tal pagamento, pelos termos do artigo 152 da Lei das Sociedades Anônimas.

Mas, aos diretores "empregados", a aplicação da Lei nº 10.101/2000 não é vedada, e essa possibilidade é determinada pelos termos do artigo 2º de tal lei, a dispor que "A participação nos lucros ou resultados será objeto de negociação entre a empresa e seus empregados". E diretor "empregado" é aquele que preenche as condições do "caput" do artigo 3º da CLT, aplicáveis a "toda pessoa física que prestar serviços de natureza não eventual a empregador, sob a dependência deste e mediante salário", fórmula que não dissente da disposta no artigo 12 da Lei nº 8.212/91, que foi supracitada, de que é empregado a pessoa física que "presta serviço de natureza urbana ou rural à empresa, em caráter não eventual, sob sua subordinação e mediante remuneração", repetindo-se que foi até mesmo especificado nesse último dispositivo aquele que seja "diretor empregado".

Por último, essa questão, não raramente, é enfrentada sob a ótica da diversidade de critérios naturalmente existente nos critérios de pagamento de participação para diretores empregados estipulados nas negociações, assim como habitualmente pratica-se com outros executivos, a exemplo de superintendentes e gerentes, em relação aos demais empregados. Nessa questão, remetemo-nos às considerações do item anterior, de forma que a possibilidade de conclusão pela aplicabilidade das regras de participação a diretores empregados deve ser preservada, inclusive quando se considera tal aspecto.

Conclusão

Os conflitos entre autoridades fiscais e contribuintes na aplicação da Constituição e da legislação que diz respeito à participação nos lucros e nos resultados estão concentrados no desprezo pela finalidade social desse direito social do trabalhador e na relativização do conceito legal de que deve prevalecer o acordado entre as partes que negociam os acordos.

Longe de protegerem os direitos sociais dos trabalhos, essas abordagens representam um claro retrocesso em relação ao regime que a Constituição claramente aspira para as relações entre empresas e trabalhadores, de participação coletiva do capital e dos frutos do trabalho dedicado ao empreendimento, voltando-se para os tempos, pré-constitucionais, em que se atribuía natureza conflitiva entre capital e trabalho.

Na Constituição e na legislação trabalhista e previdenciária, no entanto, como demonstrado, constam os princípios que devem orientar as negociações de participação nos lucros e nos resultados, assim como seus pagamentos. E esses princípios não são meras promessas, uma vez que têm carga normativa, de modo que sua concretização é uma necessidade jurídica, com forte apelo social.

Referências

AMARO, Luciano. *Direito tributário brasileiro*. 11ª ed. rev. e atual. São Paulo: Saraiva, 2005.

ATALIBA, Geraldo. *Hipótese de incidência tributária*. 6ª ed., 3ª tir. São Paulo: Malheiros, 2002.

ÁVILA, Humberto. *Sistema constitucional tributário: de acordo com a emenda constitucional n. 42, de 19.12.03*. São Paulo: Saraiva, 2004.

BARROSO, Luís Roberto. *Constituição da República Federativa do Brasil anotada*. 4ª ed. São Paulo: Saraiva, 2003.

BECKER, Alfredo Augusto. *Teoria geral do direito tributário*. 3ª ed. São Paulo: Lejus, 1998.

CARNEIRO, Daniel Zanetti Marques. *Custeio da seguridade social: aspectos constitucionais e contribuições específicas*. São Paulo: Atlas, 2010.

CARRAZZA, Roque Antonio. *Curso de direito constitucional tributário.* 22ª ed. rev., ampl. e atual. até a Emenda Constitucional nº 52/2006. São Paulo: Malheiros, 2006.

CARVALHO, Paulo de Barros. *Curso de direito tributário.* 12ª ed. rev. e ampl. São Paulo: Saraiva, 1999.

COÊLHO, Sacha Calmon Navarro. *Curso de direito tributário brasileiro.* 7ª ed. Rio de Janeiro: Forense, 2004.

CORDEIRO, Marcel. As diferenças conceituais, para fins de direito do trabalho, entre os termos salário, gratificação, bônus e participação nos lucros ou resultados. Implicações tributárias. In.: Paulo Sergio João (Coord.). *Temas em direito do trabalho: direito material individual.* São Paulo: LTr, v. I, 2008, p. 108-117.

GOMES, Orlando. *O salário no direito brasileiro.* São Paulo: LTr, Ed. fac. sim., 1996.

JOÃO, Paulo Sergio. *Participação nos lucros ou resultados das empresas.* São Paulo: Dialética, 1998.

MACHADO, Hugo de Brito. *Curso de direito tributário.* 17ª ed. rev., atual. e ampl. São Paulo: Malheiros, 2000.

MARTINS, Sergio Pinto. *Direito do trabalho.* 10ª ed. São Paulo: Atlas, Série Fundamentos Jurídicos, 2009.

MELO, José Eduardo Soares de. *Curso de direito tributário.* São Paulo: Dialética, 1997.

NASCIMENTO, Amauri Mascaro. *Teoria jurídica do salário.* São Paulo: LTr, 1994.

TAVARES, André Ramos. *Curso de Direito Constitucional.* 5ª ed. rev. e atual. São Paulo: Saraiva, 2007.

TAVOLARO, Agostinho Toffoli. *Participação dos empregados nos lucros das empresas.* São Paulo: LTr, 1991.

TEIXEIRA FILHO, João de Lima. Formas de Participação do Trabalhador na Empresa. In: Lélia Guimarães Carvalho Ribeiro; Rodolfo Pamplona Filho. *Direito do Trabalho: Estudos em homenagem ao Prof. Luiz de Pinho Pedreira da Silva.* São Paulo: LTr, 1998, p. 264-289.

SOBRE OS AUTORES

Filipe Torres da Silva Amaral
Formado em Direito pela Universidade Federal do Rio de Janeiro – UFRJ.
LL.M. em Direito Tributário - INSPER, 2016.
Advogado atuante em Direito Tributário.

Isabela Garcia Funaro
Formada em Direito pela Pontifícia Universidade Católica de São Paulo – PUC em 2010.
Pós-Graduanda em Direito Tributário no INSPER.
Advogada atuante na área Consultiva tendo atuado também na área do Contencioso Judicial entre 2009 e 2012.

Marcus Furlan
Advogado, graduado pela Faculdade de Direito de Franca, possui MBA em Gestão Tributária pela Fundação para Pesquisa e Desenvolvimento da Administração, Contabilidade e Economia – FUNDACE, instituição formada por docentes da Universidade de São Paulo (USP), bem como possui LLM em Direito Tributário, pelo Insper.

Rogério Garcia Peres
Professor do Insper Direito no *LLM* em Direito Tributário no *LLC* em Direito Empresarial. Membro do Conselho do Insper Direito.

Vinícius Vicentin Caccavali
Bacharel em Direito, Universidade Presbiteriana Mackenzie, 2012.
LL.M. em Direito Tributário, INSPER, 2016.
Aluno Especial do Programa de Mestrado em Direito da Universidade de São Paulo (2017).
Advogado atuante nas áreas de Contencioso Tributário e Tributário.

ÍNDICE

APRESENTAÇÃO 5
PREFÁCIO 15
SUMÁRIO 17

Grupos Empresariais e a Gestão de Caixa Único – Incidência do Imposto sobre Operações Financeiras – IOF/Crédito
Filipe Torres da Silva Amaral 19

Os Benefícios Fiscais Incidentes na Remessa de Mercadorias para a Zona Franca de Manaus: Efeitos da Ação Direta de Inconstitucionalidade nº 310
Isabela Garcia Funaro 57

A (Des)Necessária Sincronia na Concessão de Subvenções para Investimento – Questionamentos à Instrução Normativa nº 1.700/17
Marcus Furlan 115

Planejamento Tributário e Segurança Jurídica
Vinícius Vicentin Caccavali 159

Efeitos Tributários de Critérios de Pagamento de Participação nos Lucros
Rogerio Garcia Peres 209

SOBRE OS AUTORES 231